MW01002479

# Colloquial Spanish of Latin America

## THE COLLOQUIAL SERIES
### Series Adviser: Gary King

The following languages are available in the Colloquial series:

| | | |
|---|---|---|
| Afrikaans | German | Romanian |
| Albanian | Greek | Russian |
| Amharic | Gujarati | Scottish Gaelic |
| Arabic (Levantine) | Hebrew | Serbian |
| Arabic of Egypt | Hindi | Slovak |
| Arabic of the Gulf | Hungarian | Slovene |
| Basque | Icelandic | Somali |
| Bengali | Indonesian | Spanish |
| Breton | Irish | Spanish of Latin |
| Bulgarian | Italian | America |
| Burmese | Japanese | Swahili |
| Cambodian | Kazakh | Swedish |
| Cantonese | Korean | Tamil |
| Catalan | Latvian | Thai |
| Chinese (Mandarin) | Lithuanian | Tibetan |
| Croatian | Malay | Turkish |
| Czech | Mongolian | Ukrainian |
| Danish | Norwegian | Urdu |
| Dutch | Panjabi | Vietnamese |
| English | Persian | Welsh |
| Estonian | Polish | Yiddish |
| Finnish | Portuguese | Yoruba |
| French | Portuguese of Brazil | Zulu (forthcoming) |

### COLLOQUIAL 2s series: *The Next Step in Language Learning*

| | | |
|---|---|---|
| Chinese | Italian | Spanish of Latin |
| Dutch | Portuguese of Brazil | America |
| French | Russian | |
| German | Spanish | |

Colloquials are now supported by FREE AUDIO available online. All audio tracks referenced within the text are free to stream or download from www.routledgetextbooks.com/textbooks/colloquial. If you experience any difficulties accessing the audio on the companion website, or still wish to purchase a CD, please contact our customer services team through www.routledge.com/info/contact.

# Colloquial Spanish of Latin America

## The next step in language learning

## Roberto Rodríguez-Saona

Routledge
Taylor & Francis Group

LONDON AND NEW YORK

First published 2004
by Routledge
2 Park Square, Milton Park, Abingdon, Oxon, OX14 4RN

and by Routledge
711 Third Avenue, New York, NY 10017

Reprinted 2007

*Routledge is an imprint of the Taylor & Francis Group, an informa business*

© 2004 Roberto Rodríguez-Saona

All rights reserved. No part of this book may be reprinted or reproduced
or utilised in any form or by any electronic, mechanical, or other means,
now known or hereafter invented, including photocopying and recording,
or in any information storage or retrieval system, without permission in
writing from the publishers.

*British Library Cataloguing in Publication Data*
A catalogue record for this book is available from the British Library

*Library of Congress Cataloging in Publication Data*
A catalogue record for this book has been requested

ISBN: 978-1-138-96029-9 (pbk)
ISBN: 978-1-315-64972-6 (ebk)

Typeset in Sabon and Helvetica by
Florence Production Ltd, Stoodleigh, Devon

To Clementina Haydée
In memoriam

# Contents

# Introduction

This book is intended for learners who have reached a post-beginner to intermediate stage in Spanish. The language in the book includes Spanish used in everyday life, orally and in writing, formally and informally, by native speakers in Latin America. The Spanish language in Latin America developed independently of, but at the same time in parallel to, that of Spain. There are lexical and grammatical differences between the two main varieties of the language, but there is much in common. Within Latin America, regional and national variations and accents have developed due to a number of factors, which include the influence of the language of Southern Spain and the Canaries, the languages of the indigenous people of Latin America, African languages brought by the slaves and in recent times, American English. However, by using this book and developing further the Spanish skills you already have, as well as new skills, you should be able to communicate effectively in situations likely to be encountered by a visitor to the Spanish-speaking countries of Latin America.

At the beginning of each unit you will find a list of the main objectives expected to be achieved by the learner. The book presents a number of situations related to daily life, business, cultural and social issues in Latin America. New language points are introduced and difficult ones are revised. In each unit there are exercises to practise and consolidate what is learnt or revised. The types of exercises include gap fill, rewriting sentences, translation, interpreting, matching phrases, summarizing, writing definitions, selecting and extracting information and other tasks. In the case of translation and interpreting exercises, it must be remembered that there are many possible answers. Usually, a suggested translation is included in the Key to exercises for your reference, but it does not mean that it is the only correct answer. In the case of interpreting, a suggested version in English has been included in the Key to exercises for the first exercise in the book. For the other interpreting exercises you will find a summary of the main points you should include in your own version. The book also includes some factual information on Latin American countries.

At the end of the book you will find the Key to exercises, some brief Grammar reference, English–Spanish and Spanish–English glossaries which list many of the new words introduced in the book, and an index of language points. If you need to refresh your basic knowledge of the language, you may want to consult *Colloquial Spanish of Latin America, The Complete Course for Beginners*.

You are strongly advised to use the recorded material which accompanies this book, in order to improve your listening and understanding skills. Good listening skills usually lead to improved speaking skills.

The author would like to thank Hazel, Emma and David Rodríguez-Saona for their patience and help, and Rob Rix for his ever generous and useful advice on language matters.

# 1 Estamos por empezar

**In this unit you will be able to:**

▶ revise uses of **ser** and **estar**
▶ learn about a Latin American country
▶ use conditional sentences
▶ use the subjunctive
▶ learn some idiomatic expressions
▶ practise your translation skills

---

##  Dialogue 1 (Audio 1: 1)

*Carlos and Verónica are checking who is absent from a meeting, which is due to start soon.*

| | |
|---|---|
| CARLOS | Mira, Javier no ha podido venir porque está con un fuerte resfrío. Me parece que está algo débil y no se cuida. Aunque está de vacaciones, no ha dejado de trabajar en varios asuntos pendientes. Me preocupa, porque estuvo mal de los bronquios durante varios meses el año pasado. Es muy descuidado cuando se trata de su salud. |
| VERÓNICA | Ojalá que no sea nada que se le complique y termine otra vez en el hospital, como la vez pasada. |
| CARLOS | ¿Y Marisa? |
| VERÓNICA | Ella no ha venido tampoco porque está de viaje. |
| CARLOS | No me digas que está de veraneo en alguna playa caribeña. |
| VERÓNICA | No, no. Marisa ha viajado por asuntos de negocios. Está tratando de negociar un nuevo contrato con los representantes en Chile y Argentina. Creo que ahora está en Buenos Aires. Es muy viajera. |

## Vocabulary ♦

| | |
|---|---|
| **no se cuida** | doesn't look after herself |
| **asuntos pendientes** | pending matters |
| **mal de los bronquios** | bronchitis |
| **descuidado** | careless |
| **de veraneo** | on summer holidays |

## Language point ♦

### Ser and estar

Generally speaking **ser** is used to indicate identity or nature, as in these examples:

**El producto es mexicano.**
The product is Mexican.

**La bebe es tranquila.**
She is a quiet baby.

*Note*: In some countries, Argentina for example, **beba** is used to refer to a baby girl.

On the other hand, **estar** usually indicates state, as in these examples:

**El conflicto está en su peor momento.**
The conflict is at its worst moment.

**No me parece que esta comida ya esté preparada.**
I don't think that this meal is already cooked.

### Other uses of *ser* and *estar*

ser + de (*made of*)

**El auto es de fibra de vidrio.**
The car is made of fibreglass.

**El envase es de cartón reciclable.**
This cardboard container is recyclable.

ser + de (*description*)

**La situación es de correr.**
You just want to escape from that situation.

La chica es de armas tomar.
This girl is someone you don't mess about with.

**estar + de** (*mood, situation*)

Marisa está de veraneo.
Marisa is on summer holiday.

Esa farmacia está de turno.
That chemist is on duty.

*Note*: in Latin America, the expression usually used to refer to an establishment or person 'on duty' is **de turno**. In Spain **de guardia** is preferred.

**estar + con** (*physically or emotionally affected*)

Ricardo está con dolor de cabeza.
Ricardo has a headache.

Azucena está con ganas de volver a actuar.
Azucena wants to return to acting.

**estar + por** (*about to be done*)

Estamos por salir.
We are about to leave.

Esa historia está todavía por escribirse.
Nobody has written that story yet.

**estar + que** (*to indicate intense or repeated action*)

Pobre mujer, está que llora todo el día.
Poor woman, she has been crying all day long.

Estoy que me muero de hambre.
I am starving.

## Exercise 1

Select one of the following expressions to fill in the gaps in the sentences below.

ser de    estar con    estar de    estar por    estar que

1  Toda la noche ha _____ fiebre muy alta. La chica _____
   llora sin parar.

2 La parte exterior _____ metal, pero el interior no.

3 Había _____ llamarte, pero no llegué a hacerlo.

4 Mi marido es militar y cuando _____ servicio no tiene hora fija para volver a casa.

5 El bebe _____ se queja constantemente. Creo que voy a llamar al médico.

6 Esas personas _____ confianza. Te van a ayudar.

7 Quisiera una cerveza. (Yo) _____ me muero de sed.

8 Me faltan unas dos o tres páginas. (Yo) _____ terminar de leer el libro.

9 No, no está en el trabajo. (Ella) _____ vacaciones.

10 Aunque no parece, _____ fibra de vidrio.

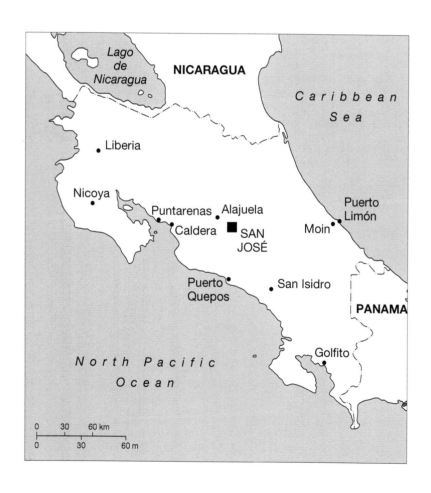

# 🎧 Text 1 (Audio 1: 2)

## Costa Rica

Costa Rica ha gozado de estabilidad social y política, que no se ha visto en muchos otros países de América Latina. Aunque su economía se ha basado tradicionalmente en la exportación de café y plátanos, ahora la agricultura se ha empezado a diversificar y va introduciendo otros productos de exportación.

En la actualidad, una actividad muy importante en su economía es el ecoturismo. La presencia de bosques tropicales ha convertido al país en un destino preferido para el turismo alternativo. Cuenta con 20 parques nacionales y 8 reservas biológicas. También se encuentran numerosas zonas naturales protegidas. El parque nacional más conocido es el Tortuguero, donde se pueden apreciar tortugas marinas.

Costa Rica cuenta con una población de casi cuatro millones de habitantes. Tiene uno de los más altos índices de expectativa de vida en América Latina: 78 años entre las mujeres y 73 para los hombres. Los costarricenses, o ticos, como se les conoce familiarmente, son hospitalarios y extrovertidos. Tienen muy presente la importancia de hacer que se sienta bienvenido el turista o visitante.

Es un país pequeño, de sólo 51 mil kilómetros cuadrados de territorio. Se puede atravesar el país en automóvil en menos de 4 horas. Hay algunos volcanes activos, como el Arenal, Iraz y Turrialba. La temperatura promedio en la zona de la costa es de unos 31°C, mientras que en la zona interior del país llega a los 16°C. La época de lluvias es de mayo a diciembre.

Costa Rica tiene una gran oferta mediática, con numerosos canales de televisión y diarios de circulación nacional. La radio es también un medio muy popular. *El Heraldo*, *La Nación* y *Prensa Libre* son tres ejemplos de diarios costarricenses, el canal 7 Teletica es el canal más importante de televisión y Radio Reloj tiene un gran número de oyentes.

> Una de las características más saltantes del país es que en 1948 fue abolido el ejército, destinando el dinero que se ahorra en gastos militares a programas de desarrollo social y al mejoramiento del nivel de vida de sus ciudadanos.
>
> | | |
> |---|---|
> | Capital | San Juan |
> | Código de discado telefónico internacional | +506 |
> | Dominio de internet | cr |
> | Moneda | colón |
> | Población | 4 millones |

## Vocabulary ♦

| | |
|---|---|
| **ha gozado** | has enjoyed |
| **se ha basado** | has been based |
| **en la actualidad** | at present |
| **bosques tropicales** | tropical forests |
| **destino preferido** | favourite destination |
| **protegidas** | protected |
| **tortugas marinas** | sea turtles |
| **índice** | rate |
| **expectativa de vida** | life expectancy |
| **hospitalarios** | hospitable |
| **atravesar** | to cross, to travel across |
| **época de lluvias** | rainy season |
| **oferta mediática** | media scene |
| **oyentes** | listeners |
| **saltante** | remarkable |
| **fue abolido** | was abolished |
| **nivel de vida** | standard of living |

## Exercise 2

Based on the passage above, fill in the boxes with the relevant information.

| Diferencias con otros países latinoamericanos | |
|---|---|
| Actividades y productos importantes en la economía | |
| Atracciones turísticas | |
| Ejemplos de oferta mediática | |

## Exercise 3

Translate into English from **Costa Rica** cuenta . . . up to . . . mayo a diciembre.

 **Learn an idiomatic expression used in Latin American Spanish**

**Te espero a eso de las 11 en el café de siempre.**

   **a eso de** around, at approximately (related to time)

*Note*: in Spain, **sobre** is used.

##  Dialogue 2 (Audio 1: 4)

*Lorena Domínguez and Eduardo Salvatierra, who are university academics and good friends, are commenting by phone on the possibility of applying for funds for a research project.*

LORENA    Hola Eduardito. Disculpa que no te haya mandado un e-mail pero hay un problema con el servidor esta mañana. Quería comunicarte que se ha convocado a un nuevo programa de cooperación internacional entre universidades.

Pensé que estarías interesado en participar, puesto que algo me dijiste al respecto la última vez que nos vimos. Tengo aquí un resumen de los requisitos y si deseas más información, te la mando pegada a un "emilio" tan pronto como se arregle lo del servidor.

EDUARDO    Oye Lorena, recuérdame primero los datos principales del proyecto, ¿quieres? No estoy seguro a cuál te refieres. En todo caso es importante que participemos en uno de estos proyectos. La vez pasada no pudimos hacerlo porque nos enteramos después del plazo de entrega de solicitudes.

LORENA    Es el programa inter-universitario siglo XXI. Si participan, reciben ayuda del programa para organizar e impartir cursos o para realizar investigación en cooperación con otras universidades, por ejemplo.

EDUARDO    Si quisiéramos participar, ¿qué requisitos son necesarios? Yo sólo tengo un folleto del año pasado con mínima información sobre los distintos programas y . . .

LORENA    Bueno . . . te leo del folleto oficial algunos puntos principales. Para tener las máximas posibilidades de éxito, un departamento o facultad de la universidad tiene que presentar la solicitud para participar del proyecto. También lo puede hacer un solo profesor o investigador, pero hay menos probabilidades de que aprueben su propuesta. Deben tener por lo menos un socio colaborador, que debe ser otra universidad latinoamericana. También hay una opción para proyectos conjuntos con universidades norteamericanas o europeas. Deberán presentar un plan de seguimiento del proyecto y por último, demostrar colaboración ya establecida con la universidad que les acompaña en el proyecto.

EDUARDO    Creo que tenemos muchas posibilidades. A ver ¿qué cursos o especialidades se incluyen?

LORENA    En realidad, hay muchas posibilidades. Se han presentado proyectos relacionados con recursos humanos, trabajo social, filosofía, informática, metal mecánica, entre otros.

EDUARDO    Bueno, pues, mándame la información completa por correo electrónico. Si tuviéramos alguna duda que resolver, me imagino que te podríamos consultar, ya que tienes gran

LORENA

experiencia en estos asuntos de cooperación internacional, ¿verdad? Como no. Llámame no más a mi oficina de la facultad. De lo contrario, mándame un e-mail o déjame un mensaje en mi celular.

## Vocabulary ♦

| | |
|---|---|
| **servidor** | server |
| **convocado** | called, announced |
| **pegada a un "emilio"** | attached to an e-mail |
| **plazo de entrega** | deadline |
| **solicitudes** | applications |
| **propuesta** | proposal |
| **socio colaborador** | partner |
| **proyectos conjuntos** | joint projects |
| **trabajo social** | social work |
| **de lo contrario** | otherwise |

*Note*: The use of diminutives with names is very common in Latin American Spanish to express affection: (Eduardito, Isabelita, etc.)

*Note*: the English expression 'e-mail' is widely used instead of **correo electrónico**. Also, in colloquial speech the variant **emilio** is used.

*Note*: **como no** is preferred in Latin American Spanish with the meaning of 'of course', 'sure'. In Spain, **desde luego** is used instead.

*Note*: **nomás** is used frequently in Latin American Spanish with the meaning of 'simply', 'just'. In Spain **nada más** is used instead.

## Language point ♦

### Conditional sentences

The formation of conditional sentences is in many cases similar to that of conditional sentences in English.

**Si** + present + present (this second present tense may imply future meaning):

These conditional sentences imply that there is a chance that the action will be performed.

Examples:

> Si quieres información, te la mando por correo.
> If you want information, I will send it by post.

> Si participan del programa, reciben ayuda económica para su proyecto.
> If you take part in the programme, you will have funds for your project.

Si + imperfect subjunctive + conditional:

These conditional sentences imply a more remote possibility.

Examples:

> Si tuviéramos alguna duda, ¿te podríamos consultar?
> If we had any doubts, could we ask you for advice?

> Si Estela quisiera ir, te lo diría.
> If Estela wanted to go, she would tell you.

> Si el nuevo software no fuese compatible, tendríamos que cambiarlo.
> If the new software was not compatible, we would have to change it.

Si + present + imperative:

> Si quieres plata, busca trabajo.
> If you want money, look for a job.

> Si estás resfriado, quédate en casa.
> If you have a cold, stay at home.

Note: in Latin America, plata is used to refer to 'money', particularly in spoken language. In Spain dinero is preferred.

## The imperfect subjunctive

The imperfect subjunctive indicates a hypothetical action, which is only a remote possibility, at the time of speaking. It has two alternative forms, -ra and -se, and generally speaking, either can be used.

Examples of regular verbs:

trabajar
| trabajara | trabajase |
| trabajaras | trabajases |
| trabajara | trabajase |
| trabajáramos | trabajásemos |
| trabajaran | trabajasen |
| trabajaran | trabajasen |

volver
| volviera | volviese |
| volvieras | volvieses |
| volviera | volviese |
| volviéramos | volviésemos |
| volvieran | volviesen |
| volvieran | volviesen |

escribir
| escribiera | escribiese |
| escribieras | escribieses |
| escribiera | escribiese |
| escribiéramos | escribiésemos |
| escribieran | escribiesen |
| escribiesen | |

Here is the imperfect subjunctive of the most common irregular verbs.

| dar | diera, dieras, diera, diéramos, dieran, dieran |
| decir | dijera, dijeras, dijera, dijéramos, dijeran, dijeran |
| estar | estuviera, estuvieras, estuviera, estuviéramos, estuvieran, estuvieran |
| haber | hubiera, hubieras, hubiera, hubiéramos, hubieran, hubieran |
| hacer | hiciera, hicieras, hiciera, hiciéramos, hicieran, hicieran |
| ir | fuera, fueras, fuera, fuéramos, fueran, fueran |
| leer | leyera, leyeras, leyera, leyéramos, leyeran, leyeran |
| oir | oyera, oyeras, oyera, oyéramos, oyeran, oyeran |
| poder | pudiera, pudieras, pudiera, pudiéramos, pudieran, pudieran |
| poner | pusiera, pusieras, pusiera, pusiéramos, pusieran, pusieran |
| saber | supiera, supieras, supiera, supiéramos, supieran, supieran |
| ser | fuera, fueras, fuera, fuéramos, fueran, fueran |
| tener | tuviera, tuvieras, tuviera, tuviéramos, tuvieran, tuvieran |
| traer | trajera, trajeras, trajera, trajéramos, trajeran, trajeran |
| venir | viniera, vinieras, viniera, viniéramos, vinieran. vinieran |

## Exercise 4

Rewrite the following statements as in the example below.

Example:

No puedo venir mañana. No participaré de la discusión.
Si pudiera venir mañana, participaría de la discusión.

1  No ha llegado temprano tu hermana. No iremos juntos al cine.
2  No la mando a estudiar en la academia de preparación para la universidad. No tengo suficiente plata para pagar los derechos académicos.
3  No vive cerca. No la visito.
4  No falla tu impresora. No tienes que utilizar la mía.
5  No has comprado una cámara digital. No me la puedes prestar para probarla.
6  No limpias la pantalla del monitor como debe ser. No tienes espuma limpiadora.
7  No tienes CD en tu computadora. No puedes escuchar música mientras trabajas.
8  No tienes tu tarjeta de estudiante. No puedes obtener descuento.
9  No estás en su situación. No comprendes bien cómo se siente.
10  No puedes subir a ver cómo está el tejado. No tienes una escalera.

---

### Learn an idiomatic expression

¡Basta! or ¡Ya basta!
Enough! That's enough!

---

*Artículos Deportivos*
*Elastic*
Uniformes – Zapatillas –
Pelotas – Raquetas –
Accesorios

**Librería Incunable**
Libros – Mapas –
Enciclopedias –

FLORERÍA EL CLAVEL
Reparto a domicilio

**Electrodomésticos
Techno**
Refrigeradoras –
Cocinas – Planchas

| | |
|---|---|
| **Perfumería Citrus**<br>Todo tipo de perfumes<br>a precios asequibles | **Musicentro –<br>CD – DVD – Videos –<br>Juegos** |
| **MASCOTAS EL BOSQUE<br>perros – gatos –<br>peces – hamsters** | **Agencia de Viajes Mundial**<br>Especialista en viajes<br>a Europa |
| **Farmacia La Antigua**<br>Atendemos su receta<br>médica. Amplio stock de<br>específicos nacionales<br>e importados | **Supermercados Yam<br>Alimentos frescos –<br>Amplio estacionamiento<br>de automóviles<br>Reparto a domicilio** |

## Exercise 5

Look at the adverts above and then decide which business needs to be contacted in each case, as in the example.

Use one of the following expressions to start your sentence:

Sería recomendable que / Lo mejor sería que / Te sugiero que

Example:

Necesito un litro de aceite de oliva. No sé adónde ir a comprarlo.
Sería recomendable que vayas al Supermercado Yam.

1 Quisiera el último libro de Gabriel García Márquez. No estoy seguro dónde comprarlo.
2 Necesitamos una nueva plancha. No sé a quien consultar sobre el modelo más eficiente.
3 Mi hija ha pedido un pececito de colores. No sé dónde lo podemos comprar.
4 Mi raqueta de tenis está muy gastada. Quizás debo averiguar cuánto cuesta una nueva.

5 Es cumpleaños de Martha. No sé qué regalarle. Le gustan las flores.
6 No sé si ha salido el nuevo CD de mi grupo preferido. No sé a quién telefonear.
7 Quisiéramos ir a España. No sé a quién consultar sobre el costo del viaje.
8 Mi mamá necesita un tubo de esta crema para la piel. No sé a quién contactar para saber si está a la venta.
9 Necesito esta verdura importada para preparar la comida. No sé a quién preguntar si se encuentra en este país.
10 El utiliza una colonia muy especial. No sé dónde ir a buscarla.

Conozca las subsedes del campeonato
Aunque parezca mentira, sólo faltan tres meses para la inauguración

## Language point ♦

### Conocer, parecer (verbs ending in -cer)

Most verbs which end in -cer change their c to zc, when it comes before a or o.

Examples:

| conocer | conozco |
|---------|---------|
| parecer | parezco |

## Present indicative

| conocer | parecer |
|---------|---------|
| conozco | parezco |
| conoces | pareces |
| conoce | parece |
| conocemos | parecemos |
| conocen | parecen |
| conocen | parecen |

## Present subjunctive

| conozcamos | parezcamos |
|------------|------------|
| conozcas | parezcas |
| conozca | parezca |
| conozcamos | parezcamos |
| conozcan | parezcan |
| conozcan | parezcan |

A verb ending in -cer changes its c to z before o, if the c is preceded by a consonant.

Examples:

vencer

| Present indicative | Present subjunctive |
|--------------------|---------------------|
| venzo | venza |
| vences | venzas |
| vence | venza |
| vencemos | venzamos |
| vencen | venzan |
| vencen | venzan |

## Exercise 6

Fill in the gaps with the correct form of the verb in brackets (present indicative or present subjunctive).

Examples:

Julián (conocer) mejor el lugar, por eso debe ser el guía.
Julián conoce mejor el lugar, por eso debe ser el guía.

**Espero que esta planta no (crecer) demasiado.**
Espero que esta planta no crezca demasiado.

1  No creo que nosotros _____ (parecer) niños porque nos quejamos.
2  Con todo cinismo me dijo "No te _____ (conocer)."
3  Espero que no se _____ (vencer) el plazo de entrega antes de terminar de preparar la propuesta.
4  El reglamento _____ (establecer) claramente el criterio de selección. Imagino que no habrán protestas.
5  Sea quien sea el que _____ (ejercer) el poder, tendrá un reto por delante.
6  Cuando (tú) _____ (crecer) me podrás ayudar en las tareas de la casa.
7  El hecho que lo _____ (conocer) a él no significa que somos sus cómplices.
8  Me parece difícil que la _____ (convencer) a Susana, pero lo intentaré.
9  Las carreteras están casi impasables. De todos modos espero llegar pronto a casa porque ahora _____ (oscurecer) más temprano.
10  Aunque _____ (parecer) metal, está hecho de plástico.

## Exercise 7

Rearrange the following list of words into two groups: **herramientas** (tools) and **útiles de oficina** (office supplies).

| | |
|---|---|
| alicate | destornillador |
| martillo | fotocopiadora |
| pisapapeles | taladro |
| portalápices | pala |
| impresora | agenda |
| plomada | nivel de burbuja |

---

**Learn an idiomatic expression**

¡Con razón!   No wonder
Te quedaste dormido. Con razón llegas tan tarde.

Now learn another idiomatic expression used in Latin American Spanish

¿A poco no?   (Mexico) Don't you think so?
Ha quedado bonito. ¿A poco no?

# 2 Turismo

## In this unit you will be able to:

▶ use the future tense
▶ use the imperative
▶ become familiar with vocabulary related to postal services
▶ become familiar with vocabulary related to travel and tourism
▶ use **como** in various contexts and meanings
▶ practise your translation skills

---

## 🎧 Dialogue 1 (Audio 1: 5)

*Rubén and Ana Maria are talking about her business trip to some Latin American countries.*

| | |
|---|---|
| RUBÉN | Hola, Ana María. Ya estás de vuelta. ¿Qué tal el viaje? |
| ANA MARÍA | Todo salió bien. Los hoteles fueron muy cómodos. Estuvimos en Guatemala, Cartagena de Indias y Lima. Mira, como ahora hay hoteles en Latinoamérica que cuentan con equipo de oficina en las habitaciones para gente de negocios . . . |
| RUBÉN | ¿Ah, sí? ¿Por ejemplo . . .? |
| ANA MARÍA | Te cuento que en los hoteles donde estuvimos teníamos sistema de buzones de voz donde nos podían dejar mensajes, podíamos imprimir desde nuestra *laptop* porque había fax/impresora para conectar a cualquier computadora. En los tres países que visitamos podíamos preparar café fresco en la cafetera de la habitación. Tú sabes cómo me gusta el aroma del café mientras trabajo. En Cartagena de Indias había *posters* de promoción del café colombiano por todas partes y en el escritorio nos |

había puesto papel de carta, clips, engrapadora y otros útiles de oficina.

RUBÉN  Así que te trataron bien.

ANA MARÍA  Muy bien. Una de las cosas que más me gustó es que teníamos un escritorio amplio con muy buena iluminación y sillas que les llaman ergonómicas, o sea para mantener una buena postura. Son habitaciones que se ofrecen pensando en los viajeros de negocios. Cuando uno tiene sus propias facilidades en la habitación no depende de las horas de atención del centro de negocios para mandar un fax o mensaje electrónico.

RUBÉN  ¿Cómo hiciste para conectarte a internet?

ANA MARÍA  En Guatemala y Cartagena tuve que utilizar el centro de negocios del hotel, pero en Lima había acceso a internet en la habitación. Te ofrecían tres posibilidades: conectarte utilizando el televisor de la habitación, alquilar una computadora portátil o traer tu propia *laptop*. Como yo tenía mi portátil, preferí utilizarla. Ya estoy acostumbrada a su teclado.

## Vocabulary ♦

| | |
|---|---|
| **estás de vuelta** | you are back |
| **gente de negocios** | business people |
| **te cuento** | let me tell you |
| **buzones de voz** | voice mail |
| **engrapadora** | stapler |
| **útiles de oficina** | office supplies |
| **o sea** | that is |
| **horas de atención** | opening hours |
| **portátil** | portable |
| **acostumbrada** | I am used to |
| **teclado** | keyboard |

## Language points ♦

### Salir

The verb **salir**, which is frequently used with the meaning of 'to leave', is also used to indicate results.

Example:

**Todo salió bien.**
Everything went well.

**No salió el negocio.**
The deal did not work out.

**No me sale el dibujo.**
The drawing came out wrong.

**Salir** is also used to indicate cost.

**El viaje a Caracas le sale a 450 dólares.**
The trip to Caracas will work out at 450 dollars.

**Con descuento por ser estudiantes nos salió 20% más barato.**
With student discount it worked out 20% cheaper.

**Salir** can also be used to indicate that something or somebody has appeared in the media.

**La noticia salió por la television.**
The news was on television.

Another use of **salir** is with the meaning of publishing/launching.

**Este libro salió el año pasado.**
This book came out last year.

**Su nuevo CD no sale hasta el próximo mes.**
Her new CD will not be released until next month.

One more use of **salir** (+ con) is to indicate 'to come out with'.

**No salgas con que es mi culpa.**
Don't come out with the idea that it is my fault.

## Exercise 1

Translate the following sentences into Spanish. Use **salir** in each of them.

Example:

The favourite candidate was on television last night.
**El candidato preferido salió en la televisión anoche.**

1  The results of the university entrance examination appeared in all newspapers.

2 The price worked out at ten dollars per unit.
3 Nobody managed to work out the right answer.
4 She came through the interview very well.
5 He cannot get the song right.
6 The figures will be released during the next press conference.
7 I hope she doesn't come out with one of her funny remarks again.
8 My sister appeared as an extra in the film you are watching. I wonder if you can spot her.
9 We would like to know if it works out cheaper to go by train.
10 His name appears at the end of the programme.

## Language point ♦

### Cómo

**Cómo,** usually with the meaning of 'how' or 'as', can be used to replace **cuánto,** to indicate intensity in relation to amount/quantity.

Examples:

> **Tú sabes cómo me gusta el aroma del café mientras trabajo.**
> You know how much I like the aroma of coffee while I am working.

> **¡Cómo me gustas!**
> I like you so much!

---

 **Learn an idiomatic expression used in Latin American Spanish**

**¡cómo no!** of course, sure
– ¿Me permites un ratito tu teléfono?
– ¡Cómo no! Sigue nomás.

*Note:* in Spain people prefer the phrase **desde luego.**

---

# Text 1

### Guatemala

En la capital de Guatemala los turistas visitan especialmente los restaurantes de la Zona 10, conocida como la Zona viva, porque tiene mucha vida.

La costa del Pacífico no tiene una infraestructura turística desarrollada y generalmente son los turistas más osados los que visitan esta zona.

El lado del Caribe está más desarrollado. Muchos visitantes van a Livingston, pueblo de la costa donde se encuentran los Garifuna, mezcla de raza indígena y negra. La vida nocturna es intensa.

Las calles empedradas de Antigua y sus iglesias históricas son una gran atracción para el visitante. El lago Atitlán siempre ha sido un lugar pacífico donde llegan personas de diversos lugares del mundo. El ritmo de vida es tranquilo y lento. Llegan tantos turistas y visitantes que se le conoce como *Gringo Town*. Guatemala es conocido por sus textiles coloridos. Al viajar se encuentran vendedores por las calles ofreciendo sus productos.

Guatemala tiene una cultura indígena viva y un sentido profundo de identidad. Lugares de interés incluyen ruinas mayas, lagos, volcanes y zonas de belleza natural. Lamentablemente una prolongada guerra interna que duró 36 años hasta 1996 dejó 200.000 víctimas, ya sea muertos o desaparecidos.

La mitad de la población es indígena, habla la lengua maya y vive según sus tradiciones. Rigoberta Menchú activista maya y defensora de los derechos de los indígenas obtuvo el Premio Nóbel de la Paz en 1992. Algunos de los grandes problemas que aquejan a este país son la mortalidad infantil, la desnutrición y la desigualdad en la distribución de la riqueza.

Guatemala cuenta con unos 13 millones de habitantes y aunque el castellano es el principal idioma, también se hablan 20 lenguas indígenas. Sus principales artículos de exportación son café, azúcar y plátanos.

Algunos de los principales medios de comunicación son los diarios *Prensa Libre* y *La Hora*, Canal 3 y Canal 5 de televisión y las radios La Voz de Guatemala, Radio Cultural TGN y Emisoras Unidas.

| | |
|---|---|
| Capital | Ciudad de Guatemala |
| Código de discado telefónico internacional | +502 |
| Dominio de internet | gt |
| Moneda | quetzal |
| Población | 13 millones de habitantes |

# Vocabulary ♦

| | |
|---|---|
| **osados** | daring |
| **desarrollados** | developed |
| **calles empedradas** | cobbled streets |
| **gringo** | fair skinned person |
| **obtuvo** | obtained |
| **aquejan** | affect |
| **mortalidad infantil** | infant mortality |
| **desnutrición** | malnutrition |
| **desigualdad** | inequality |
| **distribución de la riqueza** | distribution of wealth |

## Exercise 2

After reading the passage above fill the columns below with the relevant information.

| Lugares de Guatemala para visitar | Problemas sociales | Productos de exportación |
|---|---|---|
| | | |
| | | |
| | | |
| | | |

# Text 2

## El turismo en América Latina

Los viajes y el turismo son considerados hoy como la actividad más importante del sector servicios a nivel mundial, proporcionando de manera directa e indirecta algo más del diez por ciento de empleos, producto bruto interno, inversión de capital, exportaciones y recaudación de impuestos en todo el mundo.

América Latina y el Caribe tienen una participación del 10 por ciento del mercado mundial del turismo. El Caribe es una región que depende en buena medida del turismo y en la que casi el 30 por ciento de los ingresos provienen de esta actividad. En países como Costa Rica, Cuba y México el sector turismo es la mayor fuente de empleos y de generación de divisas.

Hay zonas en ciertos países que son altamente dependientes del turismo. Un ejemplo es el estado de Quintana Roo en el sureste de México en el cual el turismo constituye el 70 por ciento de su producto bruto interno y aporta la tercera parte de los ingresos por turismo en el país. Este estado mexicano cuenta con una infraestructura turística impresionante para recibir a unos 4 millones de turistas al año, que mayoritariamente van a Cancún. A pesar de su gran desarrollo del turismo masivo convencional, y de los efectos positivos en la economía del estado y del país, dicho desarrollo no ha beneficiado a las comunidades periféricas de este estado. Como respuesta a este problema se están desarrollando algunos proyectos de ecoturismo con la participación directa de las comunidades quintanaroenses. Se espera que al multiplicarse estos proyectos las comunidades puedan empezar a resolver sus problemas de falta de agua potable, teléfonos, servicios médicos y carencia de otros servicios básicos.

## Vocabulary ◆

| | |
|---|---|
| **producto bruto interno** | gross domestic product |
| **inversión de capital** | capital investment |
| **recaudación de impuestos** | tax collection |
| **aporta** | contributions |
| **mayoritariamente** | mainly |
| **comunidades periféricas** | marginalized local communities |
| **quintanaroense** | from Quintana Roo |
| **agua potable** | drinking water |

## Exercise 3

### Translation

Translate into English the first two paragraphs of the text above, from **Los viajes** . . . up to . . . **divisas.**

# 🎧 Dialogue 2 (Audio 1: 6)

*At the post office, a customer wants some help with stamps for his parcel and letter.*

| | |
|---|---|
| CLIENTE | Disculpe la pregunta. Quisiera enviar esta carta por correo certificado. ¿Lo puedo hacer en esta ventanilla? |
| EMPLEADA | ¿Contiene algo de valor? |
| CLIENTE | No tiene valor comercial pero sí es importante para el destinatario. Son documentos. |
| EMPLEADA | A ver, póngalo en la balanza para ver cuánto pesa. En total son cuatro dólares. |
| CLIENTE | Está bien. Aquí tiene. |
| EMPLEADA | Permítame el sobre un momento para poner las estampillas. |
| CLIENTE | Sí, claro. |
| EMPLEADA | Fíjese. Tiene que poner el remitente en la parte superior izquierda. |
| CLIENTE | Ah, bueno. Ahorita lo hago. Ya está. Dígame, ¿cuánto tiempo demorará en llegar? |
| EMPLEADA | Normalmente lleva unos cinco días. |
| CLIENTE | ¿Tengo que echar el sobre en el buzón? |
| EMPLEADA | No. Déjelo conmigo. El correo certificado va aparte del correo normal. Aquí tiene su recibo. Este es el número de control, K296378. Si desea, puede consultar nuestro teléfono de atención al cliente o nuestro sitio web para comprobar si ha sido entregado. Como le dije antes, le sugiero esperar unos cinco días antes de hacer la comprobación. Como lo manda por correo certificado, se le compensaría en caso de pérdida. |
| CLIENTE | También quisiera enviar esta encomienda. No es muy pesada y he utilizado un sobre prefranqueado que permite hasta 1 kilo de peso. ¿Está bien o me pasé del peso? Es un sobre acolchado para mayor protección del contenido. |
| EMPLEADA | Póngalo en la balanza. Sí, está bien porque solo pesa 895 gramos. Son once dólares cincuenta. |
| CLIENTE | Aquí tiene. Me da un recibo. |
| EMPLEADA | Aquí tiene el comprobante. Guárdelo en caso de reclamo. |

## Vocabulary ♦

| | |
|---|---|
| **disculpe la pregunta** | excuse me / could I ask you |
| **correo certificado** | registered post |
| **ventanilla** | counter |
| **de valor** | valuable |
| **destinatario** | recipient |
| **balanza** | scales |
| **pesa** | weighs |
| **permítame** | let me have |
| **estampillas** | postage stamps |
| **remitente** | sender |
| **fíjese** | look here |
| **superior** | high, higher |
| **ahorita** | straight away |
| **encomienda** | parcel |
| **prefranqueado** | (envelope) with pre-paid postage |
| **acolchado** | padded |
| **contenido** | contents |

*Note*: in Latin American Spanish **balanza** (scales), **estampilla** (postage stamp) and **ahorita** (straight away) are used in colloquial language. In Spain people tend to use **báscula**, **sellos** and **ahora mismo**.

## Language point ♦

### The imperative

This form is used to give orders, instructions and commands.

**Ponga el sobre en la balanza.**
Put the envelope on the scales.

**Desconecta el artefacto antes de limpiarlo.**
Unplug the appliance before cleaning it.

#### Imperative with tú (informal)

The same form as the third person singular in the present indicative is used.

| | |
|---|---|
| abrir | abre |
| colocar | coloca |
| firmar | firma |

Examples:

**Abre la puerta y aprieta el botón verde, y después cierra la puerta y aprieta el botón de arranque.**
Open the door and press the green button and then close the door and press the start button.

**Coloca la pieza más grande primero.**
First, put the largest piece in place.

**Firma aquí.**
Sign here.

### Irregular verbs

Some frequently used irregular verbs in the imperative are:

| | | | |
|---|---|---|---|
| decir | di | ser | sé |
| hacer | haz | tener | ten |
| ir | ve | venir | ven |
| salir | sal | | |

The imperative for the second person formal (**usted**) uses the same form as the present subjunctive for **usted**, **él** or **ella**.

| | |
|---|---|
| abrir | abra |
| colocar | coloque |
| firmar | firme |

Examples:

**Abra el sobre para verificar su contenido.**
Open the envelope to check the contents.

**Coloque su maleta en la cinta transportadora.**
Put your suitcase on the conveyor belt.

**Firme sobre la línea punteada.**
Sign on the dotted line.

## Imperative in the plural

The form used is the same as the present subjunctive for **ustedes.**

**abran**
**coloquen**
**firmen**

Examples:

**No abran la ventana mientras el aire acondicionado esté funcionando.**
Do not open the window while the air conditioning is on.

**Coloquen sus objetos de valor en la caja fuerte.**
Put your valuables in the safe.

**Firmen el documento y llévenlo a un notario.**
Sign the document and take it to a notary public.

## Negative imperative

In this case the imperative form is preceded by the particle **no.**

Examples:

**No abras la ventana que hace mucho viento.**
Do not open the window because there is a strong wind.

**No coloque el cable cerca de una fuente de calor.**
Do not place the cable near a heat source.

**No firmen hasta que yo dé el visto bueno.**
Do not sign until I give the go ahead.

## Exercise 4

Replace the verb in the infinitive with the imperative form. Use the formal singular (**usted**).

Example:

Encender la cámara apretando el botón negro.
Encienda la cámara apretando el botón negro.

1 Si la batería no funciona bien, **contactar** con el Servicio Técnico de su distribuidor.
2 En caso de que la luz indicadora no se encienda, **comprobar** que el enchufe esté bien conectado.
3 Si la luz amarilla se enciende, **recargar** la batería.
4 Si al activar la cámara se observa que la luz indicadora de la pantalla de visualización no se ilumina, **encender** el interruptor verde.
5 Si la imagen es demasiado brillante, **regular** el brillo de la pantalla de visualización.
6 Si la luz roja se enciende, **cambiar** la batería por una totalmente recargada.
7 Si la fecha es incorrecta, hacer **aparecer** el menú de opciones y corregir la fecha.
8 Para fotografías en ambientes oscuros, **activar** el flash.
9 Si la imagen aparece muy oscura en la pantalla, **ajustar** el brillo.
10 En caso de dudas sobre el uso de la cámara, **consultar** "Atención al Cliente" en el sitio web del fabricante.

---

Learn an idiomatic expression

**dar(le) entrada a (una persona)**
to accept the advances of another person, to flirt
No le des mucha entrada porque si no, no podrás pararlo; a menos que tú lo quieras.

 Learn another idiomatic expression used in Latin American Spanish

**chévere**    great, wonderful, very good (Cuba, Venezuela, Colombia)
El nuevo CD está bien chévere.

# 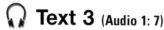 Text 3 (Audio 1: 7)

## Haciendo turismo en México

**Itinerario**
The travel agent who arranged a trip to Mexico is explaining briefly what people involved in the tour will do each day.

### Día 1 – Llegada a Ciudad de México
Llegaremos a Ciudad de México por la mañana. Nos trasladaremos al hotel en autobús. Descansaremos y el resto del día quedará libre.

### Día 2 – Ciudad de México
Durante la mañana haremos un *tour* de la ciudad de México, visitando entre otras atracciones la catedral, el Zócalo, el palacio nacional, y el parque Chapultepec. La tarde quedará libre para ir de compras, descansar, pasear, etc.

### Día 3 – Ciudad de México – Teotihuacán
Visitaremos la plaza de las tres culturas y el altar de la Virgen de Guadalupe. Después proseguiremos el viaje hacia Teotihuacán donde veremos las pirámides del sol y la luna, la ciudadela y el camino de los muertos. Volveremos al hotel por la tarde.

### Día 4 – Ciudad de México – Querétaro – San Miguel de Allende
Desayunaremos en el hotel y luego partiremos a Querétaro para hacer un recorrido por la ciudad. Más tarde iremos a la ciudad de San Miguel de Allende. Llegaremos al hotel hacia media tarde. Luego quedará el tiempo libre para pasear o salir de compras.

### Día 5 – San Miguel de Allende
Desayunaremos en el hotel y luego saldremos a recorrer la ciudad para conocer algo de la historia del lugar mientras se visitan monumentos importantes. Por la tarde volveremos a Ciudad de México.

### Día 6 – Salida de Ciudad de México
Partiremos después del desayuno.

## Exercise 5

Now you prepare a tour itinerary for another Latin American country or for your own country. Choose the main places and location attractions. Use the future tense to explain what people will do, as in the tour above.

## Language point ♦

### The future tense

It is formed by adding the same endings to all verbs whether they end in -ar, -er or -ir

Examples:

|          | yo       | tú         | el/ella/usted | nosotros     | ustedes/ellos |
|----------|----------|------------|---------------|--------------|---------------|
| estudiar | estudiaré | estudiarás | estudiará    | estudiaremos | estudiarán   |
| leer     | leeré    | leerás     | leerá         | leeremos     | leerán       |
| escribir | escribiré | escribirás | escribirá    | escribiremos | escribirán   |

### Irregular verbs in the future

The following are some of the most frequently used irregular verbs in the future.

| decir  | diré, dirás, dirá, diremos, dirán |
|--------|-----------------------------------|
| hacer  | haré, harás, hará, haremos, harán |
| poder  | podré, podrás, podrá, podremos, podrán |
| poner  | pondré, pondrás, pondrá, pondremos, pondrán |
| querer | querré, querrás, querrá, querremos, querrán |
| saber  | sabré, sabrás, sabrá, sabremos, sabrán |
| salir  | saldré, saldrás, saldrá, saldremos, saldrán |
| tener  | tendré, tendrás, tendré, tendremos, tendrán |
| venir  | vendré, vendrás, vendrá, vendremos, vendrán |

### Future plan, promise, intention

The future tense is used to express a future plan or intention which has an element of doubt or which implies a promise.

Bueno, nos quedaremos un ratito en casa de tu tía.
Alright, we'll stay at your aunt's for a short while.

Visitaremos la capital y varias provincias.
We will visit the capital and some of the provinces.

## Future tense used for approximation or supposition

The future tense can also be used for expressions of approximation and supposition.

Examples:

¿Qué horas serán?
I wonder what time it is?

¿Qué te habrás creído para gritarme así?
Who do you think you are to shout at me like that?

¿Qué estarán haciendo esos dos ahí?
I wonder what those two are up to over there?

*Note*: in Latin America ¿Qué horas serán? In Spain ¿Qué hora será?

## Exercise 6

Translate these sentences into Spanish using the future tense as explained above.

1   I wonder how much it will cost?
2   I wonder how long it is?
3   Who does he think he is?
4   You are not going to say that it is expensive.
5   Luz María is about 28 years old.
6   It must be two hours ago since she turned up around here.
7   She has not answered your e-mail. You must have got the address wrong.

Caballitos de totora: embarcaciones tradicionales

8   You heard it wrong.
9   Maybe she gave you less money than you think.
10   You must have left it on the table at home without realizing.

## Text 4

### INDUSTRIA DEL TURISMO

#### A pesar del embargo

# El turismo
# crece en Cuba

**De LA REDACCIÓN DE *TRAVEL LATIN AMERICA***

El número de turistas ha aumentado un 1,29 por ciento en los últimos seis años, alcanzando los 1,7 millones de visitantes, según la Organización Mundial del Turismo (OMT). Las cifras del año pasado fueron un 8,9 por ciento más elevadas que las de 1999.

Este crecimiento ha hecho que Cuba se sitúe entre los destinos a la cabeza en América Latina, ocupando el sexto lugar después de gigantes como México, Brasil y Argentina y de países no tan grandes como República Dominicana y Uruguay. La distancia con este último ha disminuido; en 1998 Uruguay alcanzó los 2,2 de visitantes frente a los 1,4 millones que tuvo Cuba. El año pasado se registraron en Uruguay 1,9 millones de turistas.

Cuba se situó, en 1998, ya por encima de destinos popularísimos como Jamaica y Costa Rica.

Este curso deberá continuar a lo largo de las dos próximas décadas, según un estudio reciente llevado a cabo por la OMT. La nación caribeña tendrá una media de crecimiento anual de 9,2 por ciento a lo largo del 2020, alcanzando los 6,7 millones.

Esta predicción cuenta con la presunción de que haya un levantamiento de las restricciones de viajes impuestas por los Estados Unidos, pudiendo alcanzar los 2.3 millones el número de visitantes estadounidenses.

Después de hacer menos rigurosa la observancia del embargo – de 38 años de duración – durante el gobierno de Clinton, con Bush se ha reforzado la lucha contra viajeros a Cuba.

Mientras que los Estados Unidos no prohiben de manera absoluta el que sus ciudadanos o residentes viajen a Cuba, sí veda cualquier uso de fondos sin previa autorización en la isla, restringiendo así el turismo comercial en Cuba. Licencias o permisos son en general otorgados a determinados grupos como académicos, atletas y periodistas, así como a exiliados cubanos. En junio el Departamento del Tesoro de los Estados Unidos advirtió a sus ciudadanos que incluso el viajar a Cuba a través de países terceros violaría la prohibición de viajes con la consiguiente multa y posible encarcelamiento.

Se registraron en el Departamento del Tesoro, más de 80.000 viajes de americanos a Cuba, una subida considerable frente a los 50.000 que viajaron en 1997, según el US-Cuba Trade and Economic Council, un instituto con base en Nueva York; según este, unos 22.000, en 1999, viajaron sin autorización.

## Vocabulary ◆

| | |
|---|---|
| cifras | figures |
| más elevadas | higher |
| crecimiento | growth |
| a la cabeza | among the top ones, among the first |
| por encima de | above |
| este curso | this trend |
| a lo largo de | throughout |
| cuenta con la presunción | it assumes |
| reforzado | strengthened |
| otorgados | granted |
| encarcelamiento | imprisonment |

## Exercise 7

After reading the passage above, complete the following.

1 Número total de visitantes a Cuba en 1999: _____.

2 Crecimiento del número de visitantes a Cuba entre 1999 y 2000: _____.

3 Número total de posibles visitantes a Cuba en el año 2020: _____.

4 Posible número de visitantes norteamericanos que llegan a Cuba en el año 2020, si se levanta el embargo: _____.

5 Total de visitantes

| País | 1998 | 1999 |
|------|------|------|
| Cuba | | |
| Uruguay | | |

6 Los seis países latinoamericanos más importantes como destino turístico.

| 1 | |
|---|---|
| 2 | |
| 3 | |
| 4 | |
| 5 | |
| 6 | |

**Learn an idiomatic expression**

darse una vuelta    to drop in
¿Por qué no te das una vuelta por aquí mañana y salimos a tomar un café?

# 3 Comunicación y tecnología

**In this unit you will be able to:**

- ▶ use the present tense to express future actions
- ▶ use **por** to indicate motive
- ▶ become familiar with vocabulary related to an internet home page
- ▶ become familiar with vocabulary related to a mobile phone
- ▶ use some connectors for effective discourse (**además** 'besides', **por último** 'finally')
- ▶ describe the contents of a web page
- ▶ use some impersonal sentences

---

## ◯ Dialogue 1 (Audio 1: 9)

*Miriam, Director of Resources, is explaining to other executives in the company plans for purchasing equipment.*

MIRIAM    Creemos que en esta etapa de expansión es necesario invertir en tecnología que pueda ayudarnos a hacer la empresa más dinámica, competitiva, moderna y eficiente, permitiendo al mismo tiempo proyectar una imagen de avanzada, de empresa que está al día con los avances tecnológicos, dándonos mejores posibilidades para introducirnos en otros mercados.

Por ello propongo que compremos teléfonos celulares WAP para todos los ejecutivos. La caída de los precios y las nuevas características añadidas por los fabricantes, lo convierten en un periférico ideal para mantenerse en contacto con lo que sucede en internet, particularmente en nuestro sector.

RAMÓN    ¿Hay algún modelo en particular que se ha escogido?

MIRIAM    El modelo que sugiero es una novedad en nuestro mercado. Dura unas 30 horas de conversación y en espera llega hasta las 250 horas. Pesa sólo 117 gramos. Su precio es de 120 dólares. Al final de la reunión podemos mirar más detalles en el sitio web de la distribuidora.

RAMÓN    En la reunión anterior habíamos comentado la necesidad de poder comunicarnos rápida y eficazmente no sólo entre nosotros sino con nuestros clientes actuales y potenciales, particularmente aquellos que se encuentran en puntos lejanos del país o en el extranjero. ¿Qué se piensa hacer al respecto?

MIRIAM    Proponemos realizar videoconferencias con clientes actuales y posibles. Entre las adquisiciones de hardware para el siguiente trimestre hemos incluido web cams para todas las computadoras del personal directivo. En este caso también hemos tenido en cuenta el descenso en su costo y el aumento de la calidad de las imágenes. El modelo que pensamos adquirir es una buena solución multimedia para videoconferencias, videos, correo electrónico, captura y edición de imágenes y videoseguridad. Ofrece buena resolución y viene con software incluido. Es muy fácil conectar la cámara a las computadoras. Están hechas para sistema Windows y cuestan unos 85 dólares.

RAMÓN    ¿Alguna otra noticia de adquisiciones?

MIRIAM    Sí. Algo muy importante será la compra de software para diseñar etiquetas. Proponemos la compra de un software diseñado para código de barras que nos permitirá imprimir nuestras etiquetas utilizando las aplicaciones que ya tenemos. Después de esta reunión podemos mirar en internet la versión gratis de muestra que permite al usuario realizar ciertos trabajos de impresión. Claro está, la versión que compremos permitirá hacer mucho más, por ejemplo, tiene un dispositivo de seguridad para evitar que se alteren sin autorización las etiquetas ya aprobadas.

Bien, entonces, los detalles finales de estas adquisiciones los envío por correo interno mañana luego de incorporar las sugerencias de último momento que puedan haber. El programa total de adquisiciones lo publicamos la próxima semana en el boletín interno. ¿Les parece?

TODOS    Sí . . . Claro . . . De acuerdo.

MIRIAM    Doy por terminada la reunión.

## Vocabulary ◆

| | |
|---|---|
| **imagen de avanzada** | forward-looking image |
| **está al día** | is up to date |
| **periférico** | peripheral |
| **en espera** | in stand-by |
| **hemos tenido en cuenta** | we have taken into account |
| **etiquetas** | labels |
| **código de barras** | bar code |
| **de muestra** | sample |
| **usuario** | user |
| **trabajo de impresión** | printing job |
| **dispositivo de seguridad** | security device |

*Note*: in Latin America **celular** and **móvil** are used to refer to a mobile phone. In Spain only **móvil** is used.

## Language point ◆

### Use of present tense with future meaning

In order to convey the idea of immediacy and/or certainty the present tense is frequently used to refer to an action which will take place relatively soon.

Examples:

El programa total de adquisiciones lo publicamos . . .
The overall purchasing plan will be published . . .

. . . los detalles finales los envío por correo interno mañana . . .
. . . I'll send you the final details by internal mail tomorrow . . .

Apart from the use described above, the present tense is usually used to indicate a habitual action:

Examples:

Veo televisión por las tardes.
I watch television in the afternoon.

Normalmente almorzamos a la una o una y media.
We normally have lunch at one or at half-past one.

Viajo en ómnibus al trabajo, pero regreso a casa en el metro.
I travel to work by bus, but I return home by underground train.

## Exercise 1

Decide whether the following examples indicate future meaning (F) or habitual action (H).

1  Los domingos voy a la playa en verano.
2  Te mando los datos por correo electrónico en un par de días.
3  Ahorita te preparo el desayuno.
4  No tomamos café.
5  Adoramos a los gatos.
6  Nos vemos en la fiesta.
7  Te escribo al volver de este viaje.
8  La mamá y la hija trabajan en el mercado.
9  Mi hermana prepara este dulce típico para la Navidad.
10  Me llamas cuando llegues.

##  Text 1 (Audio 1: 10)

### Latinoamérica tendrá el mayor número de internautas en el mundo (RPP internet)

Un reciente informe del Banco Santander Central Hispano, BSCH, señala que Latinoamérica tendrá el mayor número de usuarios de internet a nivel mundial en los próximos tres años.

El estudio afirma que el interés por internet en la región es tan grande que el número de usuarios de la red (15 millones en el 2000) tiene unas expectativas de crecimiento superior a las de cualquier otra región.

De acuerdo con el BSCH, el número de usuarios de internet a nivel mundial fue de 450 millones en el 2003, y el 10 por ciento de dichos internautas, es decir 45 millones, estaban en Latinoamérica.

## Vocabulary ♦

| | |
|---|---|
| **internautas** | internet surfers, netizens |
| **informe** | report |
| **a nivel mundial** | worldwide |

| | |
|---|---|
| **afirma** | states, claims |
| **red** | network |
| **expectativas** | expectations |
| **crecimiento** | growth |

## Exercise 2

Based on the text above say if the following statements are **verdadero** (true) or **falso** (false).

1  La región en la que más crecerá el uso de internet es Latinoamérica.
2  El informe del BSCH es pesimista en relación con internet en América Latina
3  En el año 2003 el diez por ciento de los internautas del mundo estaban en América Latina.
4  Las expectativas de crecimiento son inferiores a las de cualquier otra región del mundo.

# Text 2

CELULAR DIGITAL – *Movifono 777*

**Descripción**
Identifica las llamadas que recibe.
Llamada en espera.*
Conferencia tripartita.*
Desvío de llamadas.*
Posee pantalla LCD de 4 líneas y 24 caracteres.
Indica señal, batería, modo digital.
Registro de las últimas 5 llamadas perdidas y 10 realizadas con fecha y hora.
20 tonos diferentes y 9 teclas de marcación rápida.
Tecla de acceso al correo de voz.
Cronómetro de llamadas.
Rediscado automático.
Alarmas de batería baja, de correo de voz y de mensaje corto.

Capacidad para *microbrowser*.
Transmisión de datos.
Mensajes de texto o cortos (SMS)
Activación de 4 números telefónicos a la vez
Menú multilingüe.

(*) previa activación

## ESPECIFICACIONES TECNICAS

| | |
|---|---|
| MODELO | 6166 |
| DIMENSIONES | 75 cc |
| PESO | 89 gr |
| MATERIAL DE BATERÍA | litio |

| | |
|---|---|
| TIEMPO MAXIMO DE OPERACIÓN | |
| DIGITAL | |
| STAND-BY | 220 horas |
| CONVERSACIÓN | 280 min |
| TIEMPO DE CARGA | 3 horas |

| | |
|---|---|
| FACILIDADES DEL TERMINAL | |
| VIBRADOR | SI |
| CANTIDAD DE MEMORIAS | 99 telefónos |
| ALFANUMÉRICAS | × 4 memorias |
| BLOQUEO DE TECLADO | SI |
| NOTIFICACIÓN DE CORREO DE VOZ | SI |
| INFORMACIÓN DE HORA Y FECHA | SI |
| IDENTIFICACIÓN DE LLAMADAS PERDIDAS | SI |
| RESTRICCIÓN DE LLAMADAS | SI |

## Vocabulary ♦

| | |
|---|---|
| **identifica llamadas** | caller identifier |
| **llamada en espera** | waiting call |
| **tripartita** | three way |
| **desvío** | diversion |
| **pantalla** | screen |

| | |
|---|---|
| **llamadas perdidas** | missed calls |
| **tonos** | ringing tones |
| **teclas de marcación rápida** | hot keys |
| **correo de voz** | voice mail |
| **cronómetro de llamadas** | call timer |
| **rediscado** | redial |
| **capacidad** | capacity |
| **originar** | originate |
| **a la vez** | at once |
| **previa activación** | subscription to this service needed |

## Exercise 3

From the **Descripción** section choose the ten most important features for you when choosing a mobile phone and write them down in order of preference in the table below or in your notebook.

| | |
|---|---|
| 1 | |
| 2 | |
| 3 | |
| 4 | |
| 5 | |
| 6 | |
| 7 | |
| 8 | |
| 9 | |
| 10 | |

## Exercise 4

A friend of yours who speaks only Spanish is looking for a mobile phone that is not too heavy, can tell you if you missed calls and who was calling, has good talk time, can store many telephone numbers, and allows you to hold a three-way telephone conversation. ' Decide if you would recommend the model above to your friend. Write in Spanish the features which refer to the requirements mentioned by your friend and add one more that you particularly like or would find useful.

When you present your recommendation you can use expressions like **primero que nada** 'first of all', **también** 'also', **y** 'and', **además** 'besides', **por otro lado** 'on the other hand', **después** 'then', **por último** 'finally' to start the phrase that describes each feature.

Example:

Te recomiendo el movifono 777. Primero que nada, tiene rediscado automático.

---

## Me gusta MEXICO ... *por su gente*

---

## Language point ♦

Por

One of the uses of the preposition **por** is to convey the idea of motive, cause or reason for an action.

**Me gusta México por su gente.**
I like Mexico for its people

## Exercise 5

Join the two ideas in each exercise using **por**.

Example:

Utilizar el teléfono móvil. Múltiples funciones.
Utilizo el teléfono móvil por sus múltiples funciones.

1 Leer el periódico. Postura crítica
2 Preferir el auto. Color.
3 Utilizar el reloj. Despertador.
4 Comprar la casa. Estilo colonial.
5 Consultar el sitio web. Información actualizada.
6 Enviar e-mail. Rapidez.
7 Tomar calmantes en tableta. Eficacia comprobada.
8 Utilizar la impresora láser. Calidad de impresión.
9 Votar por el Partido Renovador. Programa político radical.
10 Disfrutar de la música latina. Ritmo.

## Exercise 6

Rewrite the following sentences adding your own reasons for each action.

Example:

**Escuchar esta estación de radio.**
**Escucho esta estación de radio por su buena música.**

1 Comprar en este supermercado.
2 Visitar la galería de arte.
3 Consultar con Ángela.
4 Conducir un auto con tracción en las cuatro ruedas.
5 Viajar en transporte público.
6 Ver este canal de televisión.
7 Votar por este partido político.
8 Leer obras de esta escritora.
9 Ir a los partidos de béisbol.
10 Comer en restaurantes tradicionales.

 **Text 3** (Audio 1: 11)

### Agenda electrónica Super

Las agendas electrónicas Super son sumamente funcionales, cuentan con agenda telefónica y un espacio para anotaciones, además son compactas y fáciles de usar.

Las agendas Super son ideales por su sencillez y funcionalidad. Su tamaño compacto te permite llevarlas a todos lados y su diseño te permite escribir en ella sin ningún problema, Es la agenda electrónica que seguramente estabas buscando.

**Características técnicas**
- Pantalla de 3 líneas con mensajes en castellano
- Control de agenda con alarma
- Calculadora y conversión de medidas y divisas
- Reloj local y mundial
- Cuaderno de apuntes
- Protección vía contraseña e indicador de memoria disponible
- Memoria de 10K para almacenar 150 nombres y números
- Dos directorios telefónicos: personal y negocios
- Alarma

## Exercise 7

Based on the text above, write at least five actions that can be achieved by using the Agenda super. Use the expression **se puede** 'it is possible'.

Examples:

**Se puede convertir divisas.**
**Se puede convertir pesos a dólares.**

# Text 4

## Canales de navegación

➢ *Deportes* (Atletismo, fútbol, béisbol . . .)

➢ *Noticias* (Actualidad, política, internacional . . .)

➢ *Oferta de empleos* (A tiempo completo, a tiempo parcial, temporal . . .)

➢ *Entretenimiento* (Música, cine, farándula . . .)

> ➤ *Dinero y Finanzas* (Ahorros, inversiones, tipo de cambio . . .)
> ➤ *Horóscopo* (Aries, Tauro, Géminis . . .)
> ➤ *Mujer* (Belleza, recetas, embarazo . . .)
> ➤ *Salud* (Dietas, medicina alternativa, ejercicios . . .)
> ➤ *Viajes y turismo* (Destinos, alojamiento, medios de transporte . . .)
> ➤ *Postales* (Saludos de cumpleaños, amistad, amor . . .)
> ➤ *Educación* (Universidades, cursos, idiomas . . .)
> ➤ *Autos* (Nuevos, usados, flotas . . .)
> ➤ *Cultura* (Arte, libros, exposiciones . . .)

## Vocabulary ♦

| | |
|---|---|
| **actualidad** | current affairs |
| **atletismo** | athletics |
| **a tiempo completo** | full time |
| **a tiempo parcial** | part time |
| **farándula** | theatre, variety shows, etc. |
| **ahorros** | savings |
| **embarazo** | pregnancy |
| **flota** | fleet |
| **exposición** | exhibition |

## Exercise 8

Look in the **Canales de navegación** section of the web page above and match the actions below to the appropriate link.

Example:

Quieres comprar un libro para tu novia. *Cultura*

1 Necesitas enviar un saludo de cumpleaños a una amiga.
2 Buscas información sobre cursos universitarios.
3 Quieres comprar un automóvil de segunda mano.
4 Estás buscando recetas de medicina natural.

5 Te gustaría bajar música de internet.
6 Estás buscando consejos de belleza.
7 Deseas viajar por Europa y te gustaría encontrar el tour más económico.
8 Estás averiguando los resultados de los partidos de fútbol de la semana pasada.
9 Necesitas comprobar qué películas se estrenan esta semana.
10 Quieres ponerte al día con lo que sucede hoy en el mundo.

## Exercise 9

Now do the exercise again but explain this time what you would have to do in each case.

Example:

Quieres comprar un regalo para tu novia.
Si quieres comprar un libro para tu novia entra en **Cultura**.

## Exercise 10

Canales de navegación

Explain what you can find in each section of **Canales de navegación**. Use any of these expressions:

se halla    se encuentra    se incluye    se ubica

Example:

En la sección **Entretenimiento** se halla música, cine y farándula.

---

Learn an idiomatic expression

empinar el codo    (to drink) (literally 'to bend the elbow')
¡Todos! ¡A empinar el codo para celebrar!

---

# 4 En los Andes

**In this unit you will be able to:**

- ▶ use the pluperfect subjunctive
- ▶ use the conditional perfect tense
- ▶ use **seguir** + gerund
- ▶ learn about countries in the Andean region

## 🎧 Text 1 (Audio 1: 14)

*This is an extract from a letter sent to a friend who could not make it to an excursion in the Andes.*

Es una pena que no hayas podido ir de viaje con nosotros.

Si hubieras venido habrías participado de la excursión que cruza los Andes de Argentina a Chile a caballo. Es algo tradicional en Mendoza. Se afirma que el General José de San Martín, cabalgó por esas tierras en su campaña libertadora.

Si hubieras venido habrías tenido un lindo caballo sillero con su montura completa, mulas cargueras para llevar las cosas de peso, habrías tenido todas las comidas incluidas en la excursión, y hasta habrías probado los finos vinos mendocinos. No habrías tenido que preocuparte por tu salud porque es posible viajar en compañía de un médico.

Fue un viaje de cinco días con desayuno, almuerzo, refrigerio y cena. Hubo personas encargadas de las cargas, ensillar y desensillar los caballos, preparar la comida en los campamentos. El primer día probamos las monturas, y recibimos instrucciones e información que teníamos que tener en cuenta durante la cabalgata. El segundo día tuvimos un almuerzo criollo exquisito. La cabalgata duró tres horas y media. El tercer día llegamos a más de 4000 metros de altura sobre el nivel del mar. Nos faltaba el aire. Ese día empezamos a descender. Al día siguiente paramos varias veces para contemplar los imponentes paisajes de la cordillera. El último día nos bañamos en aguas termales antes de recorrer el tramo final.

## Vocabulary ♦

| | |
|---|---|
| **es una pena** | it is a shame |
| **a caballo** | on horseback |
| **caballo sillero** | riding horse |
| **montura** | saddle |
| **almuerzo criollo** | traditional lunch |
| **nivel del mar** | sea level |
| **tramo** | stretch (of road) |

## Language point ♦

### The pluperfect subjunctive in a conditional sentence

This is formed with imperfect subjunctive of **haber** + past participle of the main verb.

Here are the forms of **viajar** in the pluperfect subjunctive: It is possible to use either the -ra form or the -se form.

| | |
|---|---|
| **hubiera/hubiese viajado** | I would have travelled |
| **hubieras/hubieses viajado** | you would have travelled (informal) |
| **hubiera/hubiese viajado** | you would have travelled (formal) |
| | he/she would have travelled |
| **hubiéramos/hubiésemos viajado** | we would have travelled |
| **hubieran/hubiesen viajado** | you would have travelled |
| **hubieran/hubiesen viajado** | they would have travelled |

### Conditional perfect tense

This is formed with **haber** in the conditional (**habría, habrías,** etc.) + past participle of the main verb.

Here are the forms of **comprar** in the conditional perfect.

| | |
|---|---|
| habría comprado | I would have bought |
| habrías comprado | you would have bought (informal) |
| habría comprado | you would have bought (formal) |
| | he/she would have bought |
| habríamos comprado | we would have bought |
| habrían comprado | you would have bought |
| habrían comprado | they would have bought |

The pluperfect subjunctive is used together with the conditional perfect tense if a condition has not been fulfilled in the past, and is now impossible to fulfil.

Examples:

**Si hubieras venido con nosotros, habrías participado de la excursión que cruza los Andes de Argentina.**
If you had come with us, you would have taken part in the excursion across the Argentinian Andes.

**Si hubiéramos viajado a Argentina, podríamos haber probado los vinos Mendocinos.**
If we had gone to Argentina, we would have been able to try Mendoza wines.

*Note*: in spoken language it is common to hear people using the subjunctive instead of the conditional.

Examples:

**Si hubieras venido al almuerzo, hubieras comido platos tradicionales.**
If you had come to lunch, you would have had traditional food.

**Si hubiéramos sabido que ibas a estar tú hubiéramos ido a la fiesta.**
If we had known that you were going to be there, we would have come to the party.

---

 **Learn an idiomatic expression used in Latin American Spanish**

¡Qué vaina!    What a pain! (used mainly in Colombia)
¡Qué vaina! Nos quedamos sin luz.

## 🎧 Exercise 1 (Audio 1: 15)

Change the two phrases in each case into a hypothetical sentence, as in the examples below.

Examples:

No viniste a la reunión. Estuviste enferma.
Si no hubieses estado enferma, habrías venido a la reunión.
No le escribimos por Navidad. Esther no dejó su nueva dirección.
Si Esther hubiese dejado su nueva dirección, le habríamos escrito por Navidad. .

1  No te despediste de Arturo al final de la fiesta. Saliste muy rápido.
2  No imprimí las fotografías que tomaste. Mi impresora es de muy baja resolución.
3  Ángela no preparó café. Ángela no hizo las compras en el mercado.
4  Los chicos se accidentaron. Los chicos no tuvieron cuidado mientras jugaban en el patio.
5  No me desperté temprano. No dejé puesto el despertador.
6  No terminé el informe. Hubo información adicional que procesar ayer.
7  Compré artículos por menos de cien dólares. Al comprar por más de cien dólares te dan 10% de descuento. No me dieron el descuento.
8  Carmen no preparó comida a base de verduras. Carmen no sabía que eras vegetariana.
9  No se clasificaron para el campeonato mundial. Perdieron el partido.
10 Tuvieron muchas dificultades para entenderse. No contrataron a un intérprete.

---

Learn an idiomatic expression

**guardar cama**   to stay in bed
**El médico le ha ordenado guardar cama tres días.**

# Text 2

## Ecuador

Ecuador es un país de trece millones de habitantes al empezar el siglo XXI. Tiene una superficie de aproximadamente 280.000 kilómetros cuadrados. Su capital es la ciudad de Quito, situada en la región andina del país. La segunda ciudad en importancia es Guayaquil, que se encuentra en la costa del Pacífico. Ecuador tiene tres regiones geográficas: la costa, la sierra y la región oriental. Además en Ecuador se encuentran las islas Galápagos, situadas a unos 1.000 kilómetros al oeste de la la costa ecuatoriana.

Es un país agrícola. Este sector emplea al 30% de la fuerza trabajadora del país. Los principales productos de exportación de Ecuador son petróleo, plátanos, café y cacao. *El Comercio, de Quito*, *El Expreso de Guayaquil* y *El Mercurio de Cuenca* son tres de los principales periódicos ecuatorianos.

| | |
|---|---|
| Capital | Quito |
| Código de discado telefónico internacional | +593 |
| Dominio de internet | ec |
| Moneda | dólar estadounidense |
| Población | 13 millones |

# Text 3

## Colombia

Colombia cuenta con unos 40 millones de habitantes. Su capital es la ciudad de Bogotá, situada en la región andina del país. Este país ha sufrido períodos de violencia en su historia. Hacia finales de los años 40 del siglo XX se inició un conflicto interno, que luego se convirtió en una guerra civil no declarada. En 1960, al terminar este período conocido como "La violencia", se estimaba que habían muerto unas 250 mil personas. Algunos piensan que la cifra de víctimas llegó al medio millón. En la actualidad la violencia está relacionada con la acción de movimientos guerrileros, las fuerzas antisubversivas del gobierno y narcotraficantes.

El escritor Gabriel García Márquez, ganador del Premio Nobel de Literatura en 1982, es el personaje más famoso y respetado del país. En algún momento hubo intentos de proponerlo como candidato a la Presidencia de la República, algo que García Márquez no habría aceptado. Su obra más conocida es *Cien años de soledad*.

El sector servicios emplea a casi la mitad de la población económicamente activa y los principales productos de exportación son café, petróleo, plátanos y esmeraldas. Colombia es el único país de Sudamérica que tiene costa en el Océano Pacífico y el Mar Caribe.

*El Espectador* y *El Tiempo* son dos periódicos importantes de Colombia. La cadena Caracol de radio y televisión tiene gran importancia entre los medios de comunicación colombiana.

| | |
|---|---|
| Capital | Bogotá |
| Código de discado telefónico internacional | +57 |
| Dominio de internet | col |
| Moneda | peso colombiano |
| Población | 45 millones |

## Vocabulary ♦

| | |
|---|---|
| **fuerza trabajadora** | work force |
| **cacao** | cocoa |
| **fuerzas antisubversivas** | counter-insurgent forces |
| **población económicamente activa** | working population |
| **cadena** | (media) network |

## Exercise 2

Using the paragraphs above, complete the information required in the table below.

|  | Ecuador | Colombia |
|---|---|---|
| Población |  |  |
| Ubicación de la capital |  |  |
| Productos de exportación |  |  |
| Algo importante/interesante |  |  |
| Dominio de internet |  |  |

*Note*: in Latin American Spanish **ubicación** is used to indicate where something, or someone, is located. In Spain, **situación** or **localización** is preferred.

# 🎧 Dialogue 1 (Audio 1: 16)

*A journalist is interviewing a coffee producer attending a conference.*

PERIODISTA    Los cafetaleros se reúnen para discutir una serie de temas importantes para el sector. ¿Cuál es el objetivo principal de este encuentro?

PRODUCTOR    Es indispensable que haya una renovación en nuestra organización, partiendo de una nueva visión conjunta. Nuestro objetivo principal es buscar y alcanzar una verdadera competitividad para seguir siendo un motor impulsor de la economía del país. Hay que tener en cuenta que el mercado del café es sumamente agresivo.

PERIODISTA    ¿Esta acción será el resultado de este encuentro o ya se había coordinado en el sector?

PRODUCTOR    Sin llegar a formar un grupo de coordinación estable, ya se había empezado a analizar cuáles son los puntos débiles de nuestra actividad para actuar sobre ellos y mejorar la producción.

PERIODISTA    Normalmente son los productores de café los que llevan la voz cantante en el sector; además de ellos ¿quiénes estarán representados en el encuentro?

PRODUCTOR    Las partes involucradas en el encuentro, aparte de los productores, son los torrefactores, comercializadores, compradores y organizaciones de apoyo. Entre todos podremos plantear nuevas metas para el sector: mejorar el consumo, nuevo papel de las instituciones y desarrollo de la competitividad.

Uno de nuestros puntos débiles es que en la actualidad no existe una visión conjunta del sector entre todos los participantes. Sin ella no se puede llevar a cabo un análisis objetivo. Nuestro sector enfrenta una problemática muy compleja, una posición conjunta nos

PERIODISTA    permitirá trazar las estrategias más apropiadas para el futuro. ¿Se hará cambios entonces a las instituciones reguladoras y promotoras del café?

PRODUCTOR    Lo que se va a tratar es que estas instituciones tengan un mayor protagonismo como facilitadores y promotores de las distintas marcas de café tanto a nivel nacional como internacional. Un punto práctico será cambiar la conformación del Consejo del Café. Esto quizás resulte en una redefinición de dicha institución.

Será indispensable observar y seguir las mejores prácticas del sector cafetalero en otros países y también de otras industrias.

El tema del financiamiento, en particular en un contexto de bajos precios del café, es quizás el tema más polémico que vamos a debatir en el encuentro. A los precios reducidos se une el problema de la sobreproducción a nivel mundial y de un menor consumo total. Es una etapa de lluvia de ideas que luego deberán reunirse de forma orgánica y estructurada.

## Vocabulary ♦

| | |
|---|---|
| **cafetaleros** | coffee producers |
| **encuentro** | meeting, gathering |
| **partiendo** | starting |
| **motor impulsor** | driving force |
| **partes involucradas** | parties involved |
| **torrefactores** | coffee bean toasters |
| **apoyo** | support |
| **llevar a cabo** | to carry out |
| **lluvia de ideas** | brainstorm |

## Language point ♦

### *Seguir* + gerund

To indicate that an action is still happening after a while, **seguir** + gerund is used, as in the following examples:

No veo muchas posibilidades de ganar la licitación, pero
seguimos trabajando en el proyecto.
I think that it is unlikely that we will win the tender, but we are
still working on the project.

Sigo asistiendo a clases porque me gusta el profesor.
I carry on attending the lessons because I like the tutor.

## Exercise 3

Link the two ideas in each phrase using **seguir** + gerund, as in the
example below. Use **porque** and/or **aunque** to link ideas.

Examples:

Llevo ayuda al hospicio. Es una ayuda para los que se alojan allí.
**Sigo llevando ayuda al hospicio porque es una ayuda para los que
se alojan allí.**

1  Preparo la fiesta. Sólo vendrán unos pocos amigos y dos o tres
   colegas del trabajo.
2  Jugamos fútbol. Con un poco de suerte nos llamarán para integrar el equipo que viajará a Chile.
3  Llevo tres días sin encontrar la novela. Busco la novela que estaba
   leyendo.
4  Corro todos los días. Quiero participar en la maratón.
5  Este tren es el servicio expreso. Creo que llegaremos tarde.
6  Los precios son caros. Compro en la tiendecita que está cerca
   de mi casa. Los productos son de buena calidad.
7  Vive en ese barrio. La casa queda cerca de su trabajo y esa es
   una gran ventaja.
8  Van al gimnasio. No da los resultados que esperaban.
9  Se pone esa gorra para trabajar. Es señal de protesta.
10 Vengo al centro una vez al mes solamente. Está lejos de casa, es
   difícil estacionar el auto y el transporte público es deficiente.

# Text 4

## Los incas

La civilización inca existió entre los siglos XII y XVI. Inicialmente se estableció en el Cuzco y se extendió a zonas que abarcan lo que hoy son Ecuador, Perú, Bolivia, Chile y Argentina.

Precedieron a la civilización Inca varias culturas diferentes. Chavín, con sus centros ceremoniales. Nazca-Paracas, creadores de magníficos textiles. Mochicas, que habitaron la costa norte del Perú. Chimú, que habitaron también en la costa del Perú. Tiahuanacos, predecesores inmediatos de los incas, que dejaron grandes obras de arquitectura.

El Inca era el gobernante supremo de esta civilización. Hubo catorce incas en total hasta la llegada de los conquistadores. El primero fue Manco Cápac y el último Atahualpa. Fue una sociedad agrícola y el sistema de trabajo en el campo se basaba en el *ayllu*, que era una porción de tierra de propiedad comunitaria.

Los incas no tenían un sistema de escritura, pero utilizaban los quipus, que eran cuerdas trenzadas de diversos colores y número. El oro no tenía un valor comercial sino que se utilizaba como adorno en templos y palacios.

El imperio de los incas se mantenía comunicado por medio de los *chasquis*, que eran corredores que llevaban mensajes de un lugar a otro. Cada chasqui corría una determinada distancia y luego lo sustituía otro corredor que continuaba la tarea.

Al llegar los conquistadores españoles, había una guerra civil entre Atahualpa y su hermano Huáscar.

Los incas construyeron grandes obras arquitectónicas, entre las que destacan Machu Picchu, Sacsahuamán y Ollantaytambo.

Machu Picchu
Jarle Presttun

## Vocabulary ◆

| | |
|---|---|
| **preceder** | to precede |
| **habitar** | to inhabit |
| **adorno** | ornament |
| **destacar** | to stand out |

## Exercise 4

Based on the passage above, say if the following statements are
**verdadero** (true) or **falso** (false).

1  Los incas florecieron entre los siglos XI y XVI.
2  El Inca era la máxima autoridad en el imperio.
3  El imperio incaico se encontraba afectado por divisiones internas
   cuando llegaron los españoles.
4  Los incas fueron grandes arquitectos.
5  Doce fueron los incas en total.

## Exercise 5

Based on the passage on the Incas, fill in the boxes on the right with one fact for each group of people.

| Cultura | Característica |
|---|---|
| Chavín | |
| Nazca-Paracas | |
| Mochica | |
| Chimú | |
| Tiahuanaco | |

### Learn an idiomatic expression

estar en estado    (to be pregnant)
La señora está en estado. Sería bueno que se siente en la primera fila, donde hay más espacio y los asientos son más cómodos.

 **Text 5** (Audio 1: 17)

### Las selvas tropicales

Las selvas tropicales son los lugares de mayor biodiversidad en nuestro planeta. Tienen una temperatura anual promedio de 25°C y las lluvias, o precipitaciones, pueden llegar hasta 4.500 milímetros por año. Normalmente el suelo no es muy fértil porque las intensas lluvias lavan las materias nutrientes. La gran espesura del follaje impide el paso de la luz del sol y contribuye a mantener la humedad en el ambiente. Generalmente los árboles constituyen la principal vegetación, alcanzando hasta 40 metros de altura.

Los animales que viven en la selva se han adaptado a este habitat y se encuentran monos, tucanes y loros en las partes altas; mientras que felinos, lagartos y serpientes, entre otros, habitan las partes bajas. La diversidad de la fauna y flora es tal, que se puede hallar en un solo árbol más de 400 especies de insectos.

La intervención humana ha puesto en peligro estas selvas tropicales. Muchas zonas de selva virgen se han habilitado para la agricultura y el pastoreo. Al eliminar grandes espacios forestales los suelos han sufrido erosión y se han empobrecido por la falta de vegetación protectora.

En la actualidad la selva amazónica es la que está más seriamente amenazada. Abarca territorios en Brasil, Perú, Bolivia, Colombia, Ecuador y las Guayanas. Hasta comienzos de los años 90 se había deforestado el 10% de la selva amazónica (es decir unos 700.000 $km^2$. La búsqueda de petróleo, la explotación con fines agrícolas y la extracción de minerales son los principales motivos de esta destrucción. También la construcción de la carretera transamazónica contribuye a la deforestación.

## Vocabulary ♦

| | |
|---|---|
| **selva tropical** | rainforest |
| **espesura** | thickness |
| **pastoreo** | grazing |
| **amenazado** | threatened |
| **abarca** | it covers |
| **búsqueda** | search |

## Exercise 6

| | |
|---|---|
| Ejemplos de animales que viven en la selva tropical | |
| Factores que contribuyen a la deforestación | |

## Exercise 7

Translation

Translate into English from **Los animales** ... up to ... vegetación protectora.

 **Exercise 8 (Audio 1: 18)**

Interpreting

You and your partner have fallen asleep while waiting for your flight to take off. When you wake up you hear the following message in Spanish over the tannoy system. Interpret (or summarize) into English the message for your partner, who does not understand Spanish.

---

Señores pasajeros. Habla el capitán de este vuelo. Les rogamos disculpar el retraso en la salida de su vuelo con destino a la ciudad de Caracas. La torre de control de tráfico aéreo nos ha informado que debemos esperar unos quince a veinte minutos más para despegar. Este retraso se debe a que el tráfico de aeronaves es muy intenso en estos momentos y el espacio aéreo se encuentra muy congestionado.

Ahora vamos a reabastecernos de combustible y por ello les pedimos que se abrochen los cinturones y los mantengan abrochados mientras permanezca encendida la señal luminosa.

Les agradecemos su atención y paciencia y nuevamente les pedimos disculpas por el retraso. Les informaremos de cualquier novedad.

Si tienen alguna duda o desean consultar algo, aprieten el botón de llamada y un miembro de la tripulación les atenderá tan pronto como sea posible.

Gracias

## Vocabulary ♦

| | |
|---|---|
| **torre de control** | control tower |
| **tráfico aéreo** | air traffic |
| **despegar** | to take off |
| **aeronave** | aircraft |
| **reabastecer de combustible** | to refuel |
| **abrocharse los cinturones** | to fasten seat belts |
| **tripulación** | crew |

# Text 6

## La cordillera de los Andes

**La cordillera de los Andes es una cadena de montañas de América del Sur que tiene 7.240 kilómetros de longitud y unos 240 metros de ancho. Se extiende desde el sur de Chile hasta Venezuela, siendo parte también del territorio de Argentina, Bolivia, Perú, Ecuador y Colombia. Al llegar a Venezuela se divide en tres cadenas.**

Los pasos de montañas pueden ser muy altos y angostos. Por ejemplo el paso de Arequipa a Puno en el Perú se encuentra a casi 4.500 metros de altura, el paso de Uspallata entre la ciudad argentina de Mendoza y Santiago de Chile está a casi 4.000 metros de altura. Por estos pasos atraviesan algunos de los ferrocarriles más altos del mundo, como el ferrocarril de Lima a la Oroya en el Perú, y el ferrocarril transandino que une Chile con Argentina.

**Algunas cumbres de importancia en los Andes son el Aconcagua en Argentina, con una altura de 6.959 metros, el Huascarán en el Perú con 6.768 metros y el Ancohuma en Bolivia con 6.550 metros.**

Uyuni

Jarle Presttun

## Vocabulary ♦

| cordillera | mountain chain | altura | height |
|---|---|---|---|
| longitud | length | angosto | narrow |
| atravesar | to cross | cumbre | peak |

### Exercise 9

Based on the information above, indicate if the following statements are **verdadero** (true) or **falso** (false).

1 La cordillera de los Andes atraviesa por seis países de América Latina.
2 El Huascarán es el pico más alto del Perú.
3 El ferrocarril transandino Chile–Argentina atraviesa el paso de Uspallata.
4 Los pasos montañosos pueden ser altos y anchos.
5 Uno de los ferrocarriles más altos del mundo está en un país andino.

# 5 Negocios en Latinoamérica

**In this unit you will be able to:**

▶ use relative clauses
▶ use relative pronouns **que, quien, cuyo**
▶ use conjunctions, such as **pero, sino, mas**
▶ use conjunctions, such as **aunque, puesto que, a menos que**
▶ read about business issues in Latin America

## 🎧 Text 1 (Audio 1: 19)

*A delegate attending a meeting of potential investors and government officials is dealing with business links between Australia and Latin America. This is an extract from the speech.*

Aunque América Latina es un continente con más de 400 millones de habitantes, y por ello ofrece un mercado potencial enorme, el comercio y las inversiones provenientes de Australia no han desarrollado todas las posibilidades a su disposición. Menos del 2 por ciento de los productos de exportación australianos son destinados a Latinoamérica. Por otro lado, las exportaciones e inversiones de América Latina hacia Australia también se sitúan en cifras muy similares.

Existe una concepción errónea de los mercados latinoamericanos, de modo que una acción inmediata a tomarse será la de diseminar información amplia y exacta sobre la realidad de los países de la región, entre las empresas, inversores, instituciones públicas y público en general en Australia.

Puesto que muchas empresas han manifestado interés por invertir en América Latina o exportar productos a esta región, se está preparando un informe sobre las oportunidades de comercio de exportación e inversiones directas en el continente latinoamericano.

Ya se han dado algunos pasos para mejorar esta situación mediante acuerdos bilaterales con países como México, Chile y Uruguay. Estos acuerdos están relacionados principalmente con el sector agrícola. A menos que surjan problemas de último momento, se prevé que a fines de este año se firmarán acuerdos sobre doble imposición tributaria, de modo que los australianos con residencia temporal en Latinoamérica y los latinoamericanos temporalmente residentes en Australia no tengan que pagar impuestos sobre la renta dos veces, en su país de origen y en el país de residencia temporal, cuyo gobierno haya suscrito el acuerdo de doble imposición tributaria.

## Vocabulary ◆

| | |
|---|---|
| **proveniente** | from |
| **a su disposición** | available to her |
| **por otro lado** | on the other hand |
| **cifras** | figures |
| **diseminar** | to disseminate |
| **acuerdos** | agreements |
| **surjan** | arose |
| **imposición tributaria** | taxation |
| **impuesto sobre la renta** | income tax |

## Language point ◆

### Relative clauses

Relative clauses are used to link two ideas or phrases. A relative pronoun is used for that purpose. The relative pronoun most frequently used is **que**, which can mean 'that', 'which' or 'who'.

**Este es el último paquete que tenemos en casa.**
This is the last packet that we have at home.

**La mujer que llamó no dio su nombre.**
The woman who rang did not give her name.

## Restrictive and non-restrictive relative clauses

Restrictive clauses impose limitations on the idea which precedes the relative pronoun.

Example:

**Sacamos todos los libros que estaban en castellano.**
(i.e. there were books in other languages as well, but we did not take them out)

Non-restrictive clauses do not impose limitations.

Example:

**Sacamos todos los libros, que estaban en castellano.**
(i.e. all books were in Spanish)

*Note*: in the case of non-restrictive clauses a comma is used before the relative pronoun.

Other relative pronouns are **quien** 'who', **el que** 'that' and **cuyo** 'whose'.

More examples:

**El taxi que tomé estaba especialmente adaptado para personas con discapacidad.**
The taxi that/which I took was specially adapted to carry disabled people.

**Eduardo, quien dijo que vendría temprano, es el que llegó más tarde a la reunión.**
Eduardo, who said he would be here early, is the one who arrived the latest at the meeting.

**Eduardo, que dijo que vendría temprano, es el que llegó más tarde a la reunión.**
Eduardo, who said he would be here early, is the one who arrived the latest at the meeting.

*Note*: When the relative pronoun refers to a person, **quien** may be used as well as **que**, although **quien** usually sounds more formal.

**Dos paquetes sin remitente, los cuales llegaron por correo aéreo, fueron examinados por la unidad de desactivación de explosivos.**
Two parcels without sender details, which arrived by air mail, were examined by the anti-explosives unit.

Relative clauses with **cuyo**.

**Cuyo** is the equivalent of 'whose', and agrees in number and gender with the following noun.

**El país de residencia temporal, cuyo gobierno haya firmado el acuerdo.**
The country of your temporary residence, whose government is a signatory to the agreement.

**El material empleado en su construcción, cuyo costo sobrepasa los mil dólares por metro cuadrado.**
The material used in its construction, whose price is over one thousand dollars per square metre.

## Exercise 1

Translate the following sentences into English.

1  Machu Picchu, que es una ciudadela inca, es la principal atracción turística del Perú.

2  Los adolescentes que entraron a la discoteca, quienes estarían entre los 14 y 16 años de edad, no portaban documentos de identificación.

3  El estuche de maquillaje, el cual no había sido abierto, desapareció misteriosamente de la mesa.

4  La entrada que compré es para la función de mañana.

5  El pintor hondureño, cuyo trabajo fue muy elogiado, presentó sus obras más recientes.

6  El color que más me gusta es el rojo, por eso siempre compro un lápiz labial de color rojo intenso.

7  La impresora que tengo, que es láser, imprime muy bien.

8  Todos los ejecutivos que abandonaron la firma se quedaron sin compensación por tiempo de servicios a la empresa.

9  El acuerdo, cuyo primer párrafo establece su vigencia desde hoy, es un paso adelante en cuanto a negociación colectiva de mejoras salariales.

10  El gerente general, quien se cree todopoderoso, tuvo que admitir su error.

## 🎧 Exercise 2 (Audio 1: 20)

### Interpreting

A colleague of yours, who does not understand Spanish, would like to follow the gist of a presentation which introduces an international cooperation programme for businesses. Make notes and interpret for him or summarize the message.

Hay grandes ventajas para los participantes de este programa de promoción del comercio internacional entre América Latina y Europa. Se pueden obtener acuerdos de distribución de productos, programas de *joint-venture*, transferencia de tecnología y a veces sólo información, pero que es de gran valor para facilitar estrategias y convenios futuros.

Los resultados hasta ahora son alentadores, ya que más de 5 mil empresas han participado de estas reuniones conjuntas de compañías europeas y latinoamericanas. Pueden participar empresas de muchos sectores, aunque el programa favorece en particular este año a los sectores de agricultura, automotriz y medioambiental.

La forma más fácil de iniciar contactos con otros miembros de la red es visitando la página web de nuestra institución y entrando en el enlace con la sección información y contactos. Se puede dejar datos personales y de su empresa, es decir, dirección postal, correo electrónico, teléfono, y nombre de alguna persona o personas de contacto y alguien de nuestra organización se pondrá en comunicación con ustedes tan pronto como sea posible.

## Vocabulary ◆

| | |
|---|---|
| **transferencia de tecnología** | technology transfer |
| **alentadores** | encouraging |
| **automotriz** | motor (industry) |
| **enlace** | link |

## Language point ♦

### Conjunctions

**O, y, mas, pero, sino**
Some conjunctions are used to convey the idea of contrast (**mas, pero, sino**), addition/inclusion (**y**) or alternative (**o**).

| | |
|---|---|
| **o** = or | **mas** |
| **y** = and | **pero** = but |
| | **sino** |

¿Quieres este o el otro?
Do you want this one or the other one?

Las llamadas entre las cinco de la tarde y las ocho de la noche son gratuitas.
Calls between five in the afternoon and eight in the evening are free of charge.

Recordaba su rostro, mas no podía traer a mi memoria su nombre.
I remembered her face, but I could not remember her name.

Esteban quiere este producto, pero con ciertas modificaciones.
Esteban wants this product, but slightly modified.

No ha viajado a Guatemala, sino a Honduras.
She did not go to Guatemala but to Honduras.

*Note*: if the following word starts with **i** (or any letter/s pronounced the same as **i**), then the conjunction **y** becomes **e**. If the following word starts with **o** (or any letter/s pronounced the same as **o**), then the conjunction **o** becomes **u**. **Mas** has the same meaning as **pero**, but it is used very rarely and only in formal or poetic language.

Examples:

Martha e Ignacio están en la biblioteca estudiando para el examen de mañana.
Martha and Ignacio are in the library studying for tomorrow's exam.

El mismo u otro me da lo mismo.
I do not mind if it is this one or another one.

## Exercise 3

Fill in the gaps with the relevant conjunction. Choose from **o, y, mas, pero, sino**.

1 Se anunció que el impuesto a las bebidas alcoholicas subirá, _____ no se dieron más detalles.
2 Chile _____ Bolivia culminaron ayer una ronda de conversaciones sobre un tratado de libre comercio.
3 El nuevo programa para niños no aparecerá en pantalla este año _____ el próximo.
4 No se sabe si Enrique Iglesias _____ Ricky Martin será el cantante con más discos vendidos este año.
5 No es Manuela la que se ha casado _____ su hermana Victoria.
6 No es el sistema eléctrico el que falla _____ la persona que lo utiliza.
7 En el pasado te ayudé, _____ ahora no puedo porque mi situación económica ha cambiado.
8 El ejercicio físico _____ una dieta balanceada son buenas para la salud.
9 El inglés _____ el castellano son los idiomas más utilizados en internet.
10 Dime si prefieres helado de fresa _____ de chocolate.

### Como, porque, pues, ya que, puesto que

These conjunctions convey the idea of 'cause'.

| | |
|---|---|
| **porque** = because | **puesto que** = since |
| **como** = since, as | **ya que** = since |

Examples:

**No vino a la reunión porque estaba enfermo.**
He did not attend the meeting because he was ill.

**Trabaja en esa empresa como administradora.**
She works for that firm as an administrator.

**Puesto que no has dicho nada, me imagino que estás de acuerdo con la decisión.**
Since you have said nothing, I imagine you agree with the decision.

**Ya que no quieres comprar un automóvil nuevo, por lo menos lleva el que tienes a una revisión general.**
Since you do not want to buy a new car, take the one you have for an overhaul.

## 🎧 Exercise 4 (Audio 1: 21)

Translate the following sentences into Spanish.

1 As expected, Alicia did not go to the doctor.
2 Humberto does not want to take part in the match because his knee is not right yet.
3 Since it is difficult for him to come over here, I will go to his house.
4 Since you do not have the means to continue with your studies, you should apply for financial assistance.
5 I have taken this decision on my own, since no other member of the committee was prepared to consider the matter.

## 🎧 Dialogue 1 (Audio 1: 22)

*Lucrecia and Eduardo are commenting on Juan's latest trip.*

LUCRECIA     ¿Qué te parece el pobre Juan que regresó de sus vacaciones desilusionado?

EDUARDO     Es su culpa por no hacer caso a las advertencias y consejos que le dimos.

LUCRECIA     A pesar de que le había advertido de los riesgos, se aventuró a hacer el viaje. Ahora lamenta las consecuencias.

EDUARDO     Claro. No puede uno ir a meterse en un lugar donde no tienes ni idea de lo que vas a encontrar. Eso de que el folleto decía que no necesitaba saber el idioma, que todos hablan inglés allá, no era cierto. Y ya ves, pasó momentos difíciles.

LUCRECIA     Bueno, pero aunque no sabía el idioma se hizo entender. Por lo menos cuando necesitó ayuda médica lo atendieron rápido.

EDUARDO   Eso es cierto. Esperemos que la próxima vez prepare mejor
          su viaje.
LUCRECIA  Vamos a visitarlo.
EDUARDO   Sí, vamos.

## Vocabulary ♦

| | |
|---|---|
| **desilusionado** | disappointed |
| **advertencia** | warning |
| **es su culpa** | it's his fault |
| **riesgo** | risk |
| **lamentar** | to lament, to regret |
| **no tener ni idea** | not to have the faintest idea |

## Language point ♦

### Aunque, a pesar de que

The conjunctions **aunque** 'although' and **a pesar de que** 'in spite of
the fact that', convey the idea of 'concession'.

Examples:

**Aunque no sabía hablar su idioma, se hizo entender.**
Although he did not speak her language, he made himself
understood.

A pesar de que le había advertido de los riesgos, se aventuró a hacer el viaje. Ahora lamenta las consecuencias.
In spite of the fact that I warned him of the risks involved, he decided to be adventurous and went on the trip. Now he regrets it.

*Note*: **Y eso que** is used in conversational language with the meaning of 'despite the fact that', but not at the beginning of a sentence. It is always followed by an indicative, not a subjunctive. See the following examples:

Esa asistenta social es muy dedicada, y eso que tiene muchas personas que atender.
That social worker is very committed, despite the fact that she has many people under her supervision.

Anoche fui a ver la película sobre Frida Kahlo en el cine del barrio, y eso que ya la había visto varias veces antes.
I went to see the film about Frida Kahlo in my local cinema, despite the fact that I had already seen it several times before.

## Con tal de que, siempre que

The conjunctions **con tal de que** and **siempre que** 'provided that/as long as' convey the idea of pre-condition.

Estaremos en la asamblea, siempre que no se prolongue hasta tarde.
We will be in the meeting, provided that it does not go on until late.

Te presto el CD con tal de que me lo devuelvas a más tardar mañana.
I will lend you the CD, as long as you give it back to me by tomorrow.

*Note*: **con tal de que** is abbreviated to **con tal que** and **siempre que** is interchangeable with **siempre y cuando**.

## Exercise 5

Use **aunque, a pesar de que, siempre que** or **con tal de que** to fill in the gaps below.

1   Te doy permiso para ir, _____ no regreses demasiado tarde.
2   _____ podríamos trabajar conjuntamente, creo que desarrollaremos el proyecto independientemente.

3  No se pudo controlar el fuego, _____ que había extintores disponibles.

4  Compraremos el equipo nuevo _____ incluya instrucciones en castellano.

5  _____ quisiéramos, no podríamos ayudarlos porque tenemos un sistema muy distinto al suyo.

6  _____ recuerde lo que tienes que comprar, no importa si lleva una lista o no.

7  _____ de que se ha puesto personal de seguridad en la entrada, siempre ingresan unos cuantas personas sin haber pagado.

8  El aumento de los impuestos es justificado _____ no afecte a los más pobres.

9  _____ no me interrumpan mientras trabajo, pueden quedarse en mi oficina.

10  _____ sea de vez en cuando, escribe.

---

🌵  **Learn an idiomatic expression used in Latin American Spanish**

¡Híjole!    My goodness! Gosh! (Mexico)
¡Híjole! Fíjese lo que le pasó.

---

# Text 2

## México: una ciudad para los negocios

En su número de noviembre de 1997, la revista *Fortune*, una de las más prestigiadas en el ámbito internacional en materia de negocios, publicó los resultados de una investigación sobre las mejores ciudades para efectuar negocios. El trabajo en cuestión se elaboró en asociación con Arthur Andersen*, empresa de consultoría que realizó encuestas y entrevistas con ejecutivos de todo el mundo y revisó documentos de organismos internacionales.

Entre los aspectos que se consideraron para calificar a las 145 ciudades están el costo de la mano de obra, el nivel educativo de ésta, los precios de renta de oficinas y su accesibilidad por avión desde otros puntos del planeta. Asimismo, se tomó en cuenta la calidad de vida, lo que incluyó factores como oportunidades de recreación y cultura, nivel de criminalidad y calidad de las escuelas.

Los resultados se dividieron en cuatro áreas geográficas. En Norteamérica (con excepción de México) obtuvieron la mayor calificación Nueva York, Denver-Boulder y Boston; en Europa, Dublín, Amsterdam y Barcelona; en Asia, Kuala Lumpur, Sidney y Bangkok.

En América latina, las 10 ciudades con mayor puntuación fueron:

Santiago, Chile
Buenos Aires, Argentina
México, D.F., México
Caracas, Venezuela
La Paz, Bolivia
Monterrey, México
São Paulo, Brasil
Quito, Ecuador
Lima, Perú
Bogotá, Colombia

Debido a que los países asiáticos y latinoamericanos compiten por las inversiones de empresas de países industrializados, se efectúa un análisis de la posición de la Ciudad de México respecto a otras ubicadas en tales regiones.

## Evolución demográfica

*Incremento de población 1995–2000*

Este indicador puede ser interesante, pues es difícil que una expansión acelerada de una ciudad pueda atenderse con una creación de infraestructura y servicios equivalente. Ello trae como consecuencia severos problemas para la ciudad y un deterioro de la calidad de vida. En este sentido, la Ciudad de México muestra una tasa de apenas 4,5%. De las ciudades seleccionadas, sólo Buenos Aires y Hong Kong tienen una inferior.

*Desarrollo humano*

El índice de 0,853 es uno de los más altos de América Latina y sólo lo superan algunas ciudades por un pequeño margen. Como en casi todas las ciudades de Asia y América Latina, este índice se estancó o incluso disminuyó en el período 1990–1997. En este sentido, la caída en la Ciudad de México (2,6%) es de las menos graves en dichas regiones.

## Situación económica

La estabilidad de precios, uno de los objetivos de la política económica en México, no se ha logrado alcanzar. En los últimos años la inflación ha mostrado grandes altibajos, como en toda América Latina. En este sentido, en Asia se ha mantenido un mayor control sobre los precios.

Las recurrentes crisis económicas han impedido un mayor incremento en el PIB per cápita, por lo que su variación en México ha resultado menor que en otras ciudades latinoamericanas examinadas, excepto las de Brasil.

Asimismo, la tasa de inflación es relativamente más alta.

En lo que respecta a la estabilidad política, financiera y económica, la Ciudad de México muestra indicadores relativamente altos, superada sólo por Santiago, Chile, en América Latina. Su situación no es tan favorable como la de las ciudades asiáticas, salvo en lo que respecta a la estabilidad financiera.

## Costos

En el costo por llamada telefónica a Estados Unidos, la Ciudad de México tiene una obvia ventaja en razón de su cercanía geográfica. También por ello el número de vuelos directos a ese país es muy alto. En cuanto absorción de adelantos tecnológicos (como la telefonía celular e internet) es mayor que en la mayoría de las ciudades latinoamericanas (de nuevo atrás de Santiago, Chile, y San José, Costa Rica).

La renta de oficinas es alta en la Ciudad de México y en Buenos Aires, comparada con la de otras ciudades de América Latina, así como con Bangkok, Manila o Seúl, pero muy inferior a los precios prevalecientes en Shanghai o Hong Kong.

El *costo de vivir* en la Ciudad de México es de los menores entre las urbes analizadas, sobre todo si se le compara con las de Asia.

Asimismo, con la capital de Argentina comparte el liderazgo en número de *museos*, lo que da idea de la oferta cultural para sus habitantes.

## Conclusión

La cercanía con Estados Unidos, su infraestructura en servicios así como sus costos reducidos en comparación con otras metrópolis, convierten a la Ciudad de México en una buena opción para emprender negocios o realizar inversiones. Es de esperar que un mejor desempeño económico del país y la moderación de su crecimiento demográfico han de apuntalar a la Ciudad como un apreciado centro internacional de negocios.

*This article is taken from an external source and it referred to the firm as Arthur Andersen before its name was changed to Accenture.

## Vocabulary ♦

| | |
|---|---|
| **número** | issue (of a magazine) |
| **ámbito** | sphere, context |
| **para efectuar negocios** | to do business |
| **empresa de consultoría** | consulting firm |
| **calificar** | assess, classify |
| **costo de la mano de obra** | labour cost |
| **calidad de vida** | quality of life |
| **recreación** | leisure |

| **nivel de criminalidad** | crime rate |
|---|---|
| **puntuación** | points, score |
| **cuadros** | charts |
| **índice** | rate |
| **estancó** | stagnated |
| **altibajos** | ups and downs |
| **han impedido** | have prevented |
| **PIB (Producto Interno Bruto)** | GDP Gross Domestic Product |
| **tasa de inflación** | inflation rate |
| **adelantos tecnológicos** | new technology |
| **telefonía celular** | mobile phones |
| **prevalecientes** | prevailing |
| **liderazgo** | leadership |
| **apuntalar** | support |

## Exercise 6

Based on the text above, fill in the right-hand column with short comments in Spanish for each category, stating whether it is mainly a positive or a negative aspect of Mexico City, as a city for investment. One category is already filled in, as the example.

| | |
|---|---|
| Incremento de población | |
| Desarrollo humano | |
| Estabilidad de precios | |
| Producto Interno Bruto | |
| Tasa de inflación | |

| | |
|---|---|
| Estabilidad política, financiera y económica | |
| Comunicaciones | |
| Adelantos tecnológicos | |
| Alquiler de oficinas | |
| Costo de vida | **Es algo positivo. Es menos que en otros países de América Latina y menos que en Asia.** |
| Oferta cultural | |

# 6 Latinos

**In this unit you will be able to:**

▶ use the past simple
▶ use the past imperfect
▶ use adverbs of time
▶ read about **latino** immigrants
▶ practise your translation skills

##  Dialogue 1 (Audio 2: 1)

*Lucrecia is interviewing Sebastián, who emigrated to the United States and now runs his own business.*

LUCRECIA     ¿Cómo era tu vida antes de venir aquí?
SEBASTIÁN     De niño, ayudaba a mis padres en las tareas agrícolas en el campo. Sólo teníamos un terreno chiquito para cultivar y producíamos lo suficiente para la casa y algo para vender. La lucha era constante para mantener el hogar. Nos levantábamos muy temprano para empezar el trabajo. Por las tardes iba a la escuelita rural, pero sólo tres veces por semana. Luego, de trece o catorce años, me fui a la casa de un tío en un pueblo mucho más grande que el mío. Allí estudié los primeros años de educación secundaria. En la casa de mi tío ayudaba con la limpieza, el cuidado de los niños, las compras y otras tareas. Cuando cumplí los 16 años viajé a la capital y pude terminar mi educación secundaria. Asistía a clases nocturnas, mientras durante el día trabajaba ayudando en una tienda de venta de comestibles. El trabajo era duro y me pagaban poco, pero me ayudó a salir adelante.

| | |
|---|---|
| LUCRECIA | ¿Y luego? |
| SEBASTIÁN | De adulto, yo pensaba tener mi propio negocio y trabajar por mi cuenta. Pensaba poner una tienda de venta minorista de alimentos. Otras veces soñaba con estudiar algo, algo así como contabilidad o administración de empresas, algo que me ayudara a establecerme por mi cuenta y tener posibilidades de triunfo. Sabía que necesitaba un capital para iniciar cualquier empresa y tuve que trabajar en lo que sea. Los bancos sólo prestan a los que ya tienen dinero. Así que me puse a hacer de todo. Cuando tenía 19 años trabajaba de cobrador de cuotas semanales de una cooperativa que financia entierros. Era un trabajo duro y a veces triste porque la gente que encontraba no tenía para pagar sus cuotas y se suponía que yo tenía que ser duro con ellos para que paguen. Pero como yo no podía ser agresivo con los deudores, especialmente con los de edad, que eran la mayoría, recaudaba pocas cuotas y al poco tiempo me echaron. |
| LUCRECIA | ¿Hiciste otros trabajos? |
| SEBASTIÁN | En esa época ayudaba a un distribuidor de aceite doméstico en su camión, trabajaba en una empresa que fabricaba bolsas de papel, vendía cosas por la calle. Trabajaba por horas en un sitio y luego me iba a otro trabajo. Con la plata que reuní logré estudiar un curso de capacitación en contabilidad. Un día que regresaba a mi casa, mi madre me contó que un primo en Estados Unidos me invitaba a visitarlo. Era un familiar que había crecido conmigo en mi pueblo y fuimos muy amigos entonces. No lo pensé dos veces y preparé todos mis papeles y vine a Estados Unidos. |
| LUCRECIA | ¿Qué pasó entonces? |
| SEBASTIÁN | Al fin de cuentas me quedé. Ahora soy residente y tengo mi propio negocio de importación de productos de artesanía latinoamericana. El negocio va bien, pero después de haber pasado muchas dificultades y horas inciertas. |

## Vocabulary ♦

| | |
|---|---|
| **la lucha** | the struggle |
| **clases nocturnas** | evening classes |
| **comestibles** | foodstuff |
| **trabajar por mi cuenta** | to be self-employed |
| **minorista** | retail |
| **contabilidad** | accountancy |
| **administración de empresas** | business administration |
| **entierro** | funeral |
| **deudores** | debtors |
| **recaudar** | to collect money |
| **a fin de cuentas** | in the end |
| **inciertas** | uncertain |

## Language point ♦

### Past imperfect

The past imperfect is used to state that in the past somebody used to do something, to refer to an action which took place repeatedly, perhaps as a routine, or to indicate that an action was in progress at a certain moment in the past.

Examples:

**De niño, ayudaba a mis padres.**
As a child, I helped my parents.

**Siempre empezaba la mañana con una taza de café.**
He always started his morning with a cup of coffee.

**Preparaba el almuerzo cuando llegué a su casa.**
She was preparing lunch when I arrived at her house.

*Note*: although the imperfect is used to indicate actions in progress in the past, in conversational language, speakers prefer to use the continuous imperfect, as in the following example:

**Estaba preparando el almuerzo cuando llegué a su casa.**
She was preparing lunch when I arrived at her house.

The imperfect indicative has the following forms with regular verbs:

| ayudar | comer | vivir |
|--------|-------|-------|
| ayudaba | comía | vivía |
| ayudabas | comía | vivías |
| ayudaba | comía | vivía |
| ayudábamos | comíamos | vivíamos |
| ayudaban | comían | vivían |
| ayudaban | comían | vivían |

There are only three irregular verbs in the imperfect indicative:

| ir | ser | ver |
|----|-----|-----|
| iba | era | veía |
| ibas | eras | veías |
| iba | era | veía |
| íbamos | éramos | veíamos |
| iban | eran | veían |
| iban | eran | veían |

## Exercise 1

Using the information given write sentences using the past imperfect and any other correct form of verb, as in the example.

Example:

> Ahora/funcionar/fábrica de fideos. Hace unos años/ser/zona de agricultura.
> Ahora funciona una fábrica de fideos. Hace unos años era zona de agricultura.

1 Ahora/(yo)trabajar/en el centro de la ciudad. Hasta el año pasado/trabajar/las afueras.
2 Este año/haber empezar vender/artefactos eléctricos. Antes/ vender/sólo alimentos.
3 En los primeros años de funcionamiento/(nosotros) tener/dos empleados/. En la actualidad/ (nosotros) contar con/más de cien.
4 Cuando estaba en la universidad/siempre (ella) volver a casa/en transporte público. Ahora/sólo (ella) viajar en automóvil.
5 Antes/(tú) venir/todas las semanas. Ahora/(tú) venir/poco.
6 Cuando/(yo) estar en la oficina/(yo)querer estar en casa. Ahora que (yo) estar en casa/(yo) querer estar en la oficina.

7  En un principio/(ellos) esperar ganar el campeonato. Ahora/
   (ellos) luchar/para no perder la categoría.
8  Antes (nosotros) tomar sólo café. Ahora, en cambio, (nosotros)
   tomar sólo té.
9  De niño/(yo) querer ser/veterinario. Ahora no.
10 Hasta la semana pasada/(ellos) abrir la tienda/hasta tarde. A
   partir de ahora/sólo (ellos) abrir hasta las seis.

## Language point ♦

### Adverbs of time

**Ya**
An event is going to happen imminently:

**Ya sale.**
She is coming out now.

**Ya viene Estela.**
Estela is coming soon.

Future possibility:

**Ya pasará.**
It will be over (eventually).

**Ya lo verás otra vez en Santiago.**
You will see him again in Santiago.

Completed event:

**Ya vino tu mami.**
Your mum has arrived.

**Ya terminó la función.**
The show is over now.

*Note*: this use of **ya** for a completed event is mainly Latin American.
In Spain people would say **ya ha venido, ya ha llegado, ya ha terminado,** etc.

Idiomatic expressions:

**Ya, pues.**
Come on.

**Ya es hora.**
It's about time.

**Ya está bien.**
That's enough.

**Recién**
It can have different uses:

'just now'

**Lo he visto ahora recién nomás.**
I have just seen him.

**Recién ha salido. Puede ser que la alcances.**
She has just gone out. You may just catch up with her.

'only'

**Recién mañana se publica la revista.**
The magazine will not be out until tomorrow.

**El Presidente recién llegará de regreso al país en las primeras horas de la madrugada.**
The President will only arrive back in the country during the early hours of the morning.

**Note:** The above uses of **recién** are found only in Latin American Spanish.

Compare:

Latin America
**Lo he visto ahora recién.**
**Recién llegará mañana.**

Spain
**Acabo de verle.**
**Sólo llegará mañana.**

**Recién** can also be used before a participle with the meaning of 'recently' 'newly'. With this meaning it is used both in Spain and in Latin America.

Examples:

**Los recién casados.**
The newly weds.

**La tienda recién abierta.**
The shop recently opened.

## Incluso/inclusive 'even'

**Todos se vieron afectados, inclusive las organizadoras del evento.**
Everybody was affected, even the organizers of the event.

*Note*: **inclusive** and **incluso** are interchangeable in Latin America.

## Siquiera (*at least*); ni siquiera (*not even*)

**Siquiera me dio algo para combatir la infección.**
At least she gave me something to fight infection.

**Ni siquiera me saludó.**
She didn't even say hello to me.

## Exercise 2

Translate into English the following sentences.

1   Hay que tener lista la sorpresa porque ya viene Estela.
2   No te preocupes mucho por la situación en casa. Ya pasará.
3   Recién han sacado el pan del horno. Está bien caliente.
4   Todos sintieron el temblor, hasta los que viven en casas anti-sísmicas.
5   Incluso los niños parecen sonreir más.
6   Paren de pelear. Ya está bien.
7   Qué manera de tratar a los invitados. Ni siquiera nos ofrecieron una taza de café.
8   Hoy no se ha podido inaugurar la exposición. Recién mañana estará abierta al público.
9   No me quejo porque siquiera me devolvió mi dinero.
10  Ya llegó el verano.

---

### Learn an idiomatic expression

**justo a tiempo**   just in time
**Llegamos justo a tiempo para subir al tren. Un minuto más y lo perdíamos.**

# Text 1

## Censo muestra aumento en diversidad de la población

**Nuevas cifras del conteo 2000 señalan que 48% de los latinos se describió de raza blanca y que los hispanos compiten con afroamericanos en cantidad**

Maribel Hastings
Corresponsal de *La Opinión*

WASHINGTON, D.C. – La población hispana de Estados Unidos, de 35,3 millones de personas, se identifica mayormente como de raza blanca, un 48%, pero un significativo 42% se describe como de "otra raza" y 6% dijo pertenecer a dos o más razas comparado con 2% del resto de la población, reveló la Oficina del Censo.

La población latina rivaliza a la afroamericana como la principal minoría étnica del país. La población latina es de 35.305.818 (12,5%) y la población afroamericana no hispana es de 35.383.751 (como una sola raza o en combinación). Pero al considerarse como raza única, la población afroamericana es incluso menor que la latina, 33.947.837. El censo explicó que dada la amplia variedad de categorías raciales, la población afroamericana puede fluctuar entre 12,3% (menor que la hispana) y 12,9% (un poco mayor que la hispana). Además, 710.353 hispanos se describieron como de raza negra.

Como habíamos informado, el censo confirmó que la población hispana creció un 58% entre 1990 y el año 2000, lo que se traduce en 13 millones de latinos adicionales, para constituir casi 13% de la población total del país. Se trata de 2,5 millones latinos más de lo que el censo estimó y factores como la inmigración y la juventud de la población, sumada a las altas tasas de natalidad son determinantes en el fenómeno. En dos o tres años, antes de lo previsto, podría determinarse si los latinos superan a los afroamericanos.

En general, los nuevos datos del Censo 2000 describen a una población estadounidense, aún de mayoría anglosajona, pero más diversa, con 6,8 millones de estadounidenses indicando que pertenecen a más de una raza.

La raza que se cuenta como blanca no hispana incrementó en no más de 5,3% entre 1990 y el 2000, y representa 69% de la población. El resto, las minorías, incrementó 43% o 26,3 millones para un total de 87 millones de personas o 31% de la población total de Estados Unidos que es de 281.421.906 personas.

"La nación es más diversa en el año 2000 que en 1990 y esa diversidad es mucho más compleja", indicó el doctor Jorge del Pinal, experto de la Oficina del Censo en poblaciones especiales.

De los 274,6 millones de estadounidenses que seleccionaron sólo una raza, 75% se describió como de raza blanca, 12,3% como de raza negra o afroamericana, 0,9% como nativo estadounidense o nativo de Alaska, 3,6% como asiático, 0,1% como nativo de Hawaii o de las Islas del Pacífico y 5,5% como de "otra raza". De ese 5,5% o 15,4 millones, un 97% son hispanos.

La mayor parte de la población estadounidense, 98% o 274.595.678 personas dijeron pertenecer a una sola raza; 2,4% o 6,8 millones escogieron dos o más razas. De éstos, 93% reportó dos razas y las más comunes fueron blanca y otra raza (32%), blanca y nativo estadounidense y nativo de Alaska (16%), blanco y asiático (casi 13%) y blanco y negro o afroamericano, 11%. De todas las personas que reportaron más de una raza, 7% indicó que se identifica con tres o más razas.

## Vocabulary ♦

| | |
|---|---|
| **conteo** | count, census |
| **raza** | race |
| **minoría étnica** | ethnic minority |
| **en combinación** | mixed |
| **juventud** | youth |
| **altas tasas** | high rates |

## Exercise 3

Based on the text above answer the following.

1   ¿Cómo se identifica la población latina de los Estados Unidos en cuanto a grupo racial?

| Grupo racial | Porcentaje |
|---|---|
| | |
| | |
| | |

2  Una de las dos siguientes afirmaciones es cierta. ¿Cuál?

   a  Aproximadamente el 42% de la población de latinos en los Estados Unidos se identificó como de raza negra.

   b  Aproximadamente el 2% de la población de latinos en los Estados Unidos se identificó como de raza negra.

3  ¿Cuánto creció la población hispana en la última década del siglo XX?

   a  casi en un 60%

   b  en un 5,3%

   c  en un 31%

   d  13%

4  La población total estadounidense sigue siendo anglosajona en su mayoría.

   verdad ☐　falso ☐

5  Indica tres factores que contribuyeron al crecimiento de la población de latinos en los Estados Unidos.

   a _____

   b _____

   c _____

---

**Learn an idiomatic expression**

**ir (la) pasando**　　to just manage in life (financially)
– ¿Cómo anda la vida?
– Ahí, la voy pasando.

 **Learn an idiomatic expression used in Latin American Spanish**

**¡Ya estuvo suave!**　That's enough. (mainly in Mexico)
Te he mandado tres mensajes y no me contestas. ¡Ya estuvo suave!

---

# 🎧 Dialogue 2 (Audio 2: 2)

## Un accidente de tránsito

*A driver is reporting a car accident at the police station.*

CONDUCTORA　　Quisiera presentar una denuncia relacionada con un accidente de tránsito. Ocurrió hace un ratito nomás, a eso de las cuatro y media.

POLICÍA          Muy bien. Espérese un momentito que voy a traer un
                 formulario. A ver, dígame qué pasó.

CONDUCTORA       Me acercaba a una rotonda en el cruce de la Avenida
                 Principal y la Calle Este. Había mucha congestión y
                 avanzábamos despacio. Un auto esperaba en una boca-
                 calle de la derecha para cruzar hacia el otro lado, una vez
                 que yo hubiera ingresado a la rotonda. De pronto sentí
                 un golpe en la puerta de atrás. Fue algo leve pero
                 suficiente para remecer el auto y hacerme frenar de
                 emergencia. El auto que esperaba en la bocacalle había
                 cruzado antes de tiempo, calculó mal y chocó.

POLICÍA          ¿Algún pasajero resultó herido?

CONDUCTORA       Mi hija menor viajaba conmigo en el momento del acci-
                 dente, pero felizmente no nos pasó nada a ninguna de
                 las dos. Como dije, fue un impacto leve.

POLICÍA          ¿Y el conductor y pasajeros del otro vehículo?

CONDUCTORA       Lamentablemente no le puedo decir nada porque se dio
                 a la fuga.

POLICÍA          ¿Logró apuntar el número de la placa?

| | |
|---|---|
| CONDUCTORA | Sólo en parte. Tenía los números 1–3–9, pero no pude ver más porque ya estaba algo oscuro. |
| POLICÍA | ¿Hubo testigos? |
| CONDUCTORA | Sí. Dos personas que vieron lo que pasó y me han dado sus datos personales, en caso de que fuera necesario contactarlos posteriormente. Tampoco pudieron anotar el número de la placa, pero uno de ellos vio que era un auto de modelo muy reciente de color verde oscuro. Parece que el conductor iba solo. |
| POLICÍA | Haremos lo posible para identificar y hallar el vehículo que la chocó. Debe ponerse en comunicación inmediata con su compañía de seguros para informarles lo que ocurrió. Ahora necesito su dirección y número de teléfono para ponernos en contacto, si fuera necesario. |

## Vocabulary ◆

| | |
|---|---|
| **presentar una denuncia** | to report (some wrong doing) |
| **rotonda** | roundabout |
| **cruce** | junction, crossroad |
| **bocacalle** | side street |
| **leve** | light |
| **remecer** | to shake |
| **frenar de emergencia** | emergency stop |
| **pasajero** | passenger |
| **se dio a la fuga** | drove away |
| **placa** | (number) plate |
| **compañía de seguros** | insurance company |

## Exercise 4

Based on the conversation above, write a brief report in Spanish on what happened. The beginning of the report is already written to help you start.

Aproximadamente a las 4.30 de la tarde de hoy, en la esquina de las calles Principal y Este . . .

#  Text 2 (Audio 2: 3)

Read the text below and then try to answer Exercise 5.

## Establecimientos públicos

A diario desarrollamos actividades en una diversidad de lugares públicos a los que asistimos a comprar algo, a encontrarnos con otras personas, a buscar información, a tramitar documentos, a contemplar o admirar algo, es decir a realizar las múltiples actividades de nuestra vida cotidiana.

## Vocabulary ♦

**lugares públicos**     public places

## Exercise 5 (Audio 2: 4)

Enter in the box on the right the word or words which describe the place defined in the left hand column.

### Lugares

1 Establecimiento donde se compra pasteles.

2 Lugar al que se va a leer libros y otras publicaciones.

3 Oficinas donde se tramitan certificados de nacimiento, de matrimonio, de defunción.

4 Establecimiento donde se compran lentes de contacto.

5 Lugar en el que se pueden apreciar obras de arte.

6 Tienda en la que se compran herramientas.

7 Institución en la que se realizan estudios superiores.

8  Lugar de manufactura de productos en grandes cantidades.

9  Tienda donde se compran libros.

10 Lugar virtual por el que se accede a información, tiendas, bases de datos, etc. en internet.

##  Text 3 (Audio 2: 5)

### Grabando, grabando

Oscar Chan es un artista latinoamericano dedicado al grabado. Nació en el Perú, pero a los cuatro años emigró con sus padres a la China. Volvió al Perú cuando tenía 13 años. A esa edad se puso a estudiar Bellas Artes, concluyendo sus estudios con resultados que le valieron una distinción especial y una muestra de sus trabajos en una galería de arte de Lima. Siguiendo su carácter internacional, viaja a Inglaterra a seguir sus estudios de arte y al finalizar su carrera obtiene un premio internacional de grabado. Al año siguiente, en 1999, gana un concurso bienal de grabado en Japón. Como es de esperarse, los diversos países en que ha residido son fuente para realizar su arte. En sus grabados incluye personajes, sentimientos y escenas relacionadas con el Perú, Inglaterra y China.

Chan está de visita prolongada en el Perú y aprovechará esta oportunidad para montar una exposición de sus trabajos más recientes. La muestra incluirá sus grabados realizados en los tres primeros años de este siglo.

"Para mí cada visita es alimento para mi trabajo de artista. En cada oportunidad me encuentro con viejos amigos, recorro las calles y presto especial atención a lo que hace la gente en su vida cotidiana. Trato de grabar en mi memoria los sonidos, los colores, los olores de la ciudad."

La muestra incluye 35 grabados en los que trata de representar lo cotidiano, lo que ocurre alrededor nuestro cada día, lo que está vivo. La muestra estará abierta al público a partir del primer sábado del próximo mes, durante tres semanas. No se la pierdan.

## Vocabulary ◆

| | |
|---|---|
| **dedicado a** | devoted to |
| **grabado** | engraving |
| **emigró** | emigrated |
| **se puso a** | started to |
| **le valieron** | earned him |
| **una muestra** | exhibition |
| **bienal** | every two years |
| **fuente** | source |

## Exercise 6

Using the text above, fill in the right-hand column with the correct information.

| | |
|---|---|
| País de nacimiento | |
| Países de residencia | |
| Países en los que estudió | |
| Países en los que ha ganado premios | |
| Temas de sus trabajos | |
| Lo que incluye la muestra en el Perú | |
| ¿Dónde se encuentra el artista ahora? | |

## Exercise 7

Translate into English the last two paragraphs of the text above, i.e. from **Para mí** ... up to ... **se la pierdan.**

---

**Learn an idiomatic expression**

**Ni jota**    nothing at all
**Alguien tendrá que traducir esto porque no entiendo ni jota.**

---

# 7 Medios de comunicación

**In this unit you will be able to:**

- use the passive construction
- use other forms of impersonal expressions
- find information about events and facts related to popular culture in Latin America
- read about a Latin American country

##  Dialogue 1 (Audio 2: 6)

*Gerardo is interviewing Iris trying to find out how her career as a television producer has developed.*

| | |
|---|---|
| GERARDO | ¿Estudiaste periodismo o te formaste en el trabajo? |
| IRIS | Cuando yo terminé el colegio quise estudiar periodismo en una universidad que quedaba bastante cerca de mi casa. Lamentablemente el programa de periodismo fue clausurado ese año y tuve que esperar un año más para ingresar a otra universidad. Durante el año de intervalo hice estudios de fotografía y de diseño gráfico, que me ayudaron no sólo a capacitarme en algo que me gustaba, sino me permitió ganar algo de plata. Cuando ingresé a mi universidad, se había iniciado una carrera llamada Medios de Comunicación Social. La carrera de periodismo estaba integrada en ese nuevo curso. Se dice a veces que no es necesario estudiar para ser periodista, pero yo creo que es muy importante tener una formación integral. En la universidad siempre se han discutido los grandes asuntos nacionales y los que afectan en particular a la profesión. |
| GERARDO | ¿Cómo llegaste a la televisión? |

| | |
|---|---|
| IRIS | Casi al terminar mis estudios universitarios se presentó la oportunidad de trabajar para un canal de televisión, como ayudante en el departamento de producción. Yo no estaba segura si me gustaba ese aspecto del mundo mediático, pero me dieron el puesto y muy pronto me sentí a gusto y me quedé trabajando allí hasta el día de hoy. Ya son cuatro años y medio. |
| GERARDO | ¿Has trabajado siempre en el mismo departamento? |
| IRIS | Al principio solo trabajaba a tiempo parcial, ayudando en la producción de documentales. Ahora soy la productora de un importante y sintonizado programa sobre el cine y los medios audiovisuales en general. La fotografía y el cine son dos de mis pasiones en la vida. |

## Vocabulary ♦

| | |
|---|---|
| **periodismo** | journalism |
| **fue clausurado** | was closed down |
| **ingresar** | to enter, to be admitted |
| **capacitarse** | to train, to obtain a vocational qualification |
| **mediático** | related to the media |
| **me sentí a gusto** | I felt happy, contented |
| **a tiempo parcial** | part-time |
| **sintonizado** | with many listeners |

*Note*: ingresar + en / a is used in Latin American Spanish. In Spain usually only ingresar + en is used.

## Language point ♦

### Passive construction

The verb **ser** is used together with a past participle to form the passive construction. When you use the passive construction, your focus is on the action being performed rather than on the subject of such action. In an active construction of a sentence more attention is paid to the subject performing the action.

Examples:

**El nuevo disco duro fue instalado por el técnico.**     (passive)
The new hard disk was installed by the technician.

El técnico instaló el nuevo disco duro.     (active)
The technician installed the new hard disk.

Los periodistas habían sido invitados por el alcalde.    (passive)
The journalists had been invited by the mayor.

El alcalde había invitado a los periodistas.    (active)
The mayor had invited the journalists.

Example of the forms in passive for **ser** fotografiado (to be photographed):

| | |
|---|---|
| Present: | **soy, eres, es + fotografiado**<br>**somos, son + fotografiados** |
| Preterite: | **fui, fuiste, fue + fotografiado**<br>**fuimos, fueron + fotografiados** |
| Conditional: | **sería, serías, sería + fotografiado**<br>**seríamos, serían + fotografiados** |
| Pluperfect: | **había, habías, había + sido fotografiado**<br>**habíamos, habían + sido fotografiados** |
| Conditional perfect: | **habría, habrías, habría + sido fotografiado**<br>**habríamos, habrían + sido fotografiados** |
| Imperfect: | **era, eras, era + fotografiado**<br>**éramos, eran + fotografiados** |
| Future: | **seré, serás, será + fotografiado**<br>**seremos, serán + fotografiados** |
| Future perfect: | **habré, habrás, habrá + sido fotografiado**<br>**habremos, habrán + sido fotografiados** |

*Note*: if the subject affected by the action is feminine, then the verb form must agree in gender as well, i.e. fotografiada, fotografiadas.

## Exercise 1

Rewrite the following sentences using the passive construction.

Example:

Iniciaron el año académico en las universidades esta semana.
Fue iniciado el año académico en las universidades esta semana.

1 Nos han conducido a un gran salón donde hay documentos guardados en una vitrina.
2 Dijeron que llevarían a todos al teatro en un minibús.
3 Concluyeron la reconstrucción del Teatro Municipal.
4 El gobierno aprobó la ley de estabilidad laboral.
5 Construyeron la nueva autopista donde antes había sólo paisaje natural.
6 Si no fuera por la orden judicial que lo impedía, habrían demolido la casona colonial.
7 Mañana llevarán el automóvil a la unidad de investigación de accidentes.
8 El rector inauguró el nuevo año académico.
9 La llegada de gente de la ciudad ha afectado el ambiente de este pueblo rural.
10 Mi socio había contratado al personal y yo no tenía autorización para despedir a nadie.

## Language point ♦

### *Se* instead of passive construction

Often, particularly in the spoken language, a sentence construction with the impersonal **se** replaces the passive construction.

Examples:

**Se inauguró la nueva sucursal.**
The new branch was opened.

**Se ha reparado la vereda.**
The pavement has been repaired.

**Se dice que hay divisiones internas en el partido de oposición.**
It is said that there are internal divisions in the opposition party.

*Note*: the word **vereda** is used in Latin America for 'pavement'. In Spain **acera** is used.

## Exercise 2

Translate the following sentences into English.

1 Para empezar, se ponen a freír las verduras.
2 Se dice que el gabinete en pleno renunciará esta semana.

3 Si se puede sustituir el equipo de acabado por uno nuevo, entonces se debe tomar la decisión de inmediato.

4 No han tomado en cuenta que se había incluido un descuento del veinte por ciento en el precio total.

5 El sentimiento anti-bélico se observa en todos los partidos políticos.

6 Se sabe que las autoridades están estudiando un programa de restricción del tránsito en el centro de la ciudad.

7 El partido final del campeonato se presenta muy difícil para los campeones del año pasado.

8 Se teme que no habrá nada nuevo en el debate de hoy en el congreso.

9 Con esta explicación creo que se entiende que no nos quieren aquí.

10 Se acabó.

## More impersonal constructions

### Tú

Similar to English (you), **tú** can be used in informal conversation to refer to people in general.

Examples:

> **Si tú llegas cansado y sediento a casa, ¿por qué no tomar un jugo de frutas en vez de una bebida gaseosa?**
> If you arrive home tired and thirsty, why not drink fruit juice instead of fizzy drinks?

> **¿Cómo se sale del ascensor en caso de no funcionar la puerta? Bueno. Tú lo que haces es apretar el botón rojo que tiene el símbolo de un teléfono y viene alguien abrir la puerta.**
> How do you get out of the lift if the door is stuck?
> Well. What you do is to press the red button which has a phone icon on it, and somebody will come to open the door.

### Uno

As in English (one), **uno** is used to refer in an indirect way to the first person, avoiding the use of **yo** or **nosotros**.

Examples:

> **Hay que decirle a uno lo que tiene que hacer y entonces resultan bien las cosas, si no . . .**
> One has to be told how to do something and then things work out well, otherwise . . .

**El que uno prepare bien los argumentos no es garantía para ganar el proceso.**
The fact that one has prepared the arguments well does not mean that the case will be won.

## Exercise 3

Match each sentence (1–5) with the most appropriate phrase in group a–e.

1 Uno no puede hacer más por él.
2 Tú te pasas la vida trabajando y al final no recibes una buena pensión de jubilación.
3 Lo que uno piense no cuenta.
4 No es que uno esté en contra sin tener buenas razones.
5 No se trata de presenta un proyecto por presentar. Tú tienes que ir madurando la idea poco a poco.

a Aquí nadie te escucha ni hace caso.
b Así, al final, lo presentado tiene posibilidades de éxito.
c Lo hemos intentado todo.
d ¿En qué se gasta el gobierno lo que uno aporta?
e No voy a apoyar por apoyar.

# La Noticia

**Diario de la mañana en todo el país**

xxxxxx          xxxxxxxxxxxxxxxxxxxxxxxx          xxxxxxxxxxxx

## Dicen que no subirá el precio de la gasolina este año.

xxxxxxxxxxxxxxxxxxxxxxxxxxxxxxxxx    xxxxxxxxxxxxxxxxxxxxxxxxxxxxxxxxxx
xxxxxxxxxxxxxxxxxxxxxxxxxxxxxxxxx    xxxxxxxxxxxxxxxxxxxxxxxxxxxxxxxxxx
xxxxxxxxxxxxxxxxxxxxxxxxxxxxxxxxx    xxxxxxxxxxxxxxxxxxxxxxxxxxxxxxxxxx
xxxxxxxxxxxxxxxxxxxxxxxxxxxxxxxxx    xxxxxxxxxxxxxxxxxxxxxxxxxxxxxxxxxx
xxxxxxxxxxxxxxxxxxxxxxxxxxxxxxxxx    xxxxxxxxxxxxxxxxxxxxxxxxxxxxxxxxxx
xxxxxxxxxxxxxxxxxxxxxxxxxxxxxxxxx    xxxxxxxxxxxxxxxxxxxxxxxxxxxxxxxxxx
xxxxxxxxxxxxxxxxxxxxxxxxxxxxxxxxx    xxxxxxxxxxxxxxxxxxxxxxxxxxxxxxxxxx
xxxxxxxxxxxxxxxxxxxxxxxxxxxxxxxxx    xxxxxxxx.

## Language point ♦

### Third-person in impersonal sentences

The third person plural of a verb is used frequently to explain something, without specifically identifying the subject.

Examples:

**Piden un precio altísimo por el departamento.**
They are asking for a very high price for the apartment.

**Cobran muy caro por la marca famosa, no necesariamente porque es un producto de calidad.**
They charge expensive prices because of the famous brand, not necessarily because it is a quality product.

### Exercise 4

Translate the following sentences into English.

1 Dicen que es bueno tomar leche, pero yo creo que eso es sólo para niños.
2 Siempre quieren que paguemos más impuestos, pero no mejoran los servicios públicos.
3 Hablan muy buen castellano en Colombia.
4 Aquí practican mucho el fútbol.
5 Te acogen bien en estas tierras.

### Exercise 5

Translate the following phrases into Spanish.

1 They speak more slowly in Mexico than in Spain.
2 They say that vegetables are good for you, but you don't always know how the vegetables were grown.
3 They have just announced the arrival of the flight from Caracas.
4 It seems to be that they never raise their voices when they talk to you.
5 They recommend drinking a lot of water, don't they?

**Learn an idiomatic expression**

se me hace que     it seems, it strikes me as
Se me hace que la respuesta al final será negativa.

 **Learn an idiomatic expression used in Latin American Spanish**

agarrar vuelo     to speed up, to start doing a good job
Empezó lenta, pero ahora sí agarró vuelo la selección de fútbol.

 # Text 1 (Audio 2: 8)

## El Día de muertos

La celebración del día de muertos está muy arraigada en la vida de los mexicanos. A pesar de la influencia de costumbres extranjeras basadas en el consumismo, el tradicional Día de muertos resiste y hasta se renueva en México.

Durante la tradicional fiesta de los fieles difuntos se preparan una serie de espectáculos artísticos y culturales. En esta fiesta se mezclan conceptos prehispánicos e hispánicos.

Las ofrendas que se llevan a los muertos se ven adornadas con imágenes religiosas, flores, cirios, retratos de las personas falle-cidas a quienes se visita, y especialmente comida y bebidas que fueron del agrado de los difuntos. Entre las ofrendas que se llevan ese día destacan las jícamas, naranjas, plátanos, tamales y también dulces y juguetes cuando se trata de niños difuntos.

Es posible que las tradiciones del México antiguo se mezclaran con las europeas y dieran como resultado la celebración del Día de muertos. Con la conquista española llegó el trigo, que ha dado rienda suelta a la creatividad del mexicano en las tareas de panadería, pastelería y bizcochería, actividades en las que ocupa un lugar destacado a nivel mundial.

El pan de muerto es de tipo hojaldre, de forma de pirámide con la representación de huesos encima y con el cráneo representado por la bola que se encuentra encima.

Algunas de las pastelerías más conocidas en Ciudad de México, en las que se compra el tradicional pan de muerto son Sanborns, Panmex, Pastelería La Esperanza, El Globo, El Molino, Pastelería Ideal y Aranzazú.

Se elaboran diversos tipos de pan para el tradicional altar y las meriendas y se dice que hay uno para cada destinatario: para el campesino, con maíz; para la novia, con naranja, azahar y anís; para el compadre, con aguardiente; para la comadre, con avellanas; y para los vivos, a la francesa.

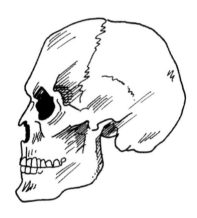

## Vocabulary ♦

| | |
|---|---|
| **arraigada** | rooted |
| **difuntos** | deceased |
| **consumismo** | consumerism |
| **jicamas** | round brown root vegetable |
| **tamal** | tamale |
| **altar** | shrine |
| **ha dado rienda suelta** | has unleashed |
| **merienda** | snack time |
| **compadre** | the godfather of my child |
| **comadre** | the godmother of my child |
| **aguardiente** | strong liquor |
| **avellanas** | hazelnuts |

## Exercise 6

Below are some proverbs and sayings related to death, which show once again the particular attitude of Mexicans towards the idea of death. Explain briefly in English what they mean.
The last one has an equivalent in English. What is it?

1  La muerte me da risa.
2  La operación fue un éxito, pero el paciente se nos murió.
3  Pretextos busca la parca.
4  Achaques quiere la muerte para llevarse al enfermo.
5  Vámonos muriendo todos que están enterrando gratis.
6  Matrimonio y mortaja del cielo bajan.
7  Son capaces de vender al muerto.
8  Toma del fuerte para que no sientas la muerte.
9  Para el amor y la muerte no hay caja fuerte.
10  No tengo vela en este entierro.

# Text 2

### Fútbol, forma de entretenimiento popular

Una de las formas de entretenimiento popular en los países de América Latina es el fútbol. No sólo se trata de ir al estadio a ver al equipo de su preferencia, sino de jugar el fútbol como aficionado. Los países latinoamericanos no cuentan con suficientes centros deportivos para ir a practicar este deporte de forma organizada. Muchos latinoamericanos prefieren improvisar canchas de fútbol. La calle, un parque en desuso, la plaza más cercana, en realidad, cualquier espacio abierto es inmediatamente convertido en cancha de fútbol por grandes y chicos.

Sin embargo, no todo es fútbol ya que también se puede ver en ciertos países latinoamericanos la popularidad de otros deportes, como el béisbol, por ejemplo. Los países de Centroamérica, el Caribe, México y Venezuela practican mucho este deporte. En

México D.F. los dos equipos más importantes de béisbol son los Tigres y los Diablos Rojos. Es posible encontrar a la venta gorras, calcomanías, llaveros y otros recuerdos de cada equipo en muchas partes de la ciudad, a veces en establecimientos de prestigio y otras veces en puestos callejeros de vendedores ambulantes. El ciclismo es un deporte muy popular en Colombia. Ciclistas colombianos participan exitosamente en competencias internacionales. Por otro lado, el polo y el rugby son dos deportes populares en Argentina.

## Vocabulary ♦

| | |
|---|---|
| **se trata de** | it is a matter of |
| **de su preferencia** | favourite |
| **centro deportivo** | sports centre |
| **improvisar** | to improvise |
| **en desuso** | unused |
| **gorra** | cap |
| **calcomanía** | sticker |
| **puesto callejero** | stall |

## Exercise 7

True or false. Using the text above, say if the following statements are **verdadero** (true) or **falso** (false).

1 Los latinoamericanos prefieren ir a ver jugar a sus equipos de fútbol, pero como aficionados juegan poco.
2 La gente utiliza cualquier espacio que encuentran disponible para jugar fútbol.
3 El béisbol no se practica en Latinoamérica.
4 Los Tigres son el equipo de fútbol más conocido de México.
5 Los vendedores ambulantes de la capital mexicana venden recuerdos de los equipos de béisbol.

# Text 3

## La Virgen de Guadalupe

La Virgen de Guadalupe es un símbolo nacional de México que trasciende clases sociales. Su imagen se puede encontrar no sólo en templos, sino en las casas, centros educativos, taxis, autobuses, oficinas, fábricas, talleres y otros lugares.

Su historia se remonta al siglo XVI, poco después de la conquista de México por Hernán Cortés. Cuenta la historia que la Virgen María se apareció a un humilde indígena llamado Juan Diego en un cerro al noroeste de Tenochtitlán, lo que hoy es Ciudad de México, donde Juan Diego había ido a buscar agua. La virgen le pidió a Juan Diego que se dirigiera al obispo y le pidiera construir un templo en el lugar donde se le había aparecido. Como era de esperarse, el obispo no le creyó y le pidió pruebas de que lo que decía era cierto. Cuando la virgen se le volvió a aparecer, Juan Diego le pidió una señal para dar fe de su aparición y vio unas rosas, que normalmente no se hallan en esa época en México, y las recogió en su *tilma*, que es una especie de manta rudimentaria. Al mostrar lo que llevaba en la *tilma* las autoridades eclesiásticas le creyeron y además vieron que la imagen de la Virgen de Guadalupe había quedado grabada en la *tilma*.

Los mexicanos celebran el 12 de diciembre la fiesta de la Virgen de Guadalupe, el día en que se le apareció a Juan Diego por primera vez. La iglesia que se construyó en el lugar de la aparición es hoy la Basílica de Nuestra Señora de Guadalupe, que es visitada por unos diez millones de personas anualmente.

## Vocabulary ♦

| | |
|---|---|
| **trasciende** | goes beyond |
| **talleres** | workshops |
| **se remonta** | goes back |
| **cuenta la historia** | the story goes |
| **humilde** | humble |

| | |
|---|---|
| **dar fe** | certify |
| **manta** | blanket |
| **eclesiásticas** | of the Church |
| **grabada** | imprinted |

## Exercise 8

Using the text above, say if the following statements are **verdadero** (true) or **falso** (false).

1 Unicamente las clases sociales menos favorecidas de México tienen devoción a la Virgen de Guadalupe.
2 La aparición a Juan Diego sucedió unos pocos años antes de la llegada de Hernán Cortés a México.
3 La primera vez que Juan Diego explicó que se le había aparecido la Virgen no le creyeron.
4 El dos de diciembre se celebra el día de la Virgen de Guadalupe.
5 En el lugar de la aparición se ha construido una basílica.

---

**Learn an idiomatic expression**

**pagar el pato**   to be blamed, to be made the scapegoat
**Claro, tú cometes todos los errores pero no te pasa nada. Soy yo el que paga el pato.**

---

# Text 4

---

### Chile

Chile tiene un territorio en forma de una larga franja bañada por el Océano Pacífico. Dicha franja tiene unos 4.300 kilómetros de longitud y un promedio de 175 kilómetros de ancho. El norte del país es seco y desértico. El sur tiene clima frío con nieve, glaciares y lagos, mientras que el centro tiene un clima templado.

Es un país de algo más de 15 millones de habitantes. En la región del norte, donde están los desiertos más secos del mundo hay grandes depósitos de salitre y cobre. La zona central, en la que se encuentra la mayoría de la población, es una región de gran actividad agrícola, particularmente el cultivo de la vid. Chile es conocido mundialmente por sus vinos, que compiten en calidad con los mejores vinos. También exporta frutas en conserva.

Chile ha tenido una vida democrática sostenida en su vida republicana, con la excepción del período dictatorial del general Augusto Pinochet, quien en 1973 encabezó un golpe de estado que derrocó al Presidente Salvador Allende. Durante la dictadura de Pinochet muchas personas fueron torturadas y muchos otros desaparecieron sin saberse cual fue su suerte. La dictadura abarcó el período 1973–1990.

Dos importantes diarios de Chile son *El Mercurio* y *La Tercera*. Hay una gran cantidad de gente que escucha la radio para enterarse de los acontecimientos diarios, así como para entretenerse con programas musicales. TVUC, la televisión de la Universidad Católica de Chile y Chilevisión son dos canales bien sintonizados en el país. Existe un canal del estado, la Televisión Nacional de Chile.

En el sur del país, en la zona de los lagos se puede visitar el balneario de Frutillar, con playas acogedoras y ambiente muy tranquilo. Hay hermosas casonas antiguas en la parte baja y cerca se encuentran varios volcanes, como el Osomo, Picada y Burbuja. En Frutillar se puede visitar el museo alemán y degustar deliciosos dulces y pasteles que evidencian la influencia de los inmigrantes llegados desde Alemania. Un dulce famoso es la torta de Santa Ana, que se prepara con nueces, guindas, vainilla y crema chantilly.

Santiago de Chile, la capital, es una ciudad moderna, que cuenta con cuatro millones y medio de habitantes, tiene modernas edificaciones, extensas áreas verdes y un eficiente servicio de metro, es decir, un tren de transporte subterráneo de pasajeros. La Plaza de Armas es el corazón de la ciudad, en donde se encuentra la catedral, la municipalidad y el edificio de la sede principal de correos. Otro lugar importante es la Plaza de la Constitución, donde está el Palacio Presidencial de La Moneda. Allí se puede observar cada dos días el cambio de guardia de los carabineros. Hay parques, museos, galerías de arte y monumentos que atraen la atención de muchos visitantes.

| | |
|---|---|
| Capital | Santiago de Chile |
| Código de discado telefónico internacional | +56 |
| Dominio de internet | cl |
| Moneda | el peso chileno |
| Población | 16 millones |

Parque Nacional Lauca

Arica

Iquique

Chuquicamata

Antofagasta

Calama

BOLIVIA

PARAGUAY

**EASTER ISLAND**

Maunga Terevaka 506m

Hanga Roa

Copiapó

Nevado Ojos del Salado 6900m

La Serena

Viña del Mar
Valparaiso

SANTIAGO

Concepción

ARGENTINA

Valdivia

Villarrica

Parque Nacional Puyehue

Volcán Osorno

Puerto Montt
Chiloé

South Pacific Ocean

Coihaique

Parque Nacional Laguna San Rafael

South Atlantic Ocean

Parque Nacional Torres de Paine

Punta Arenas

Tierra del Fuego

## Vocabulary ♦

| | |
|---|---|
| **franja** | strip |
| **salitre** | saltpetre |
| **cobre** | copper |
| **vid** | vine |
| **fruta en conserva** | canned fruit |
| **golpe de estado** | coup d'état |
| **desaparecieron** | went missing |
| **cual fue su suerte** | what happened to them |
| **enterarse** | to find out |
| **balneario** | seaside resort |
| **acogedoras** | welcoming |
| **degustar** | to try (food) |
| **nueces** | nuts |
| **guindas** | sour cherries |
| **vainilla** | vanilla |
| **crema chantilly** | dairy cream |
| **carabinero** | policeman |

## Exercise 9

Using the text above about Chile, fill in the right hand column below.

| | |
|---|---|
| Productos de exportación | |
| Algunos atractivos turísticos en el sur del país | |
| Algunos lugares que visitar en la capital | |

## 🎧 Exercise 10 (Audio 2: 9)

### Interpreting

You are visiting a friend of yours, who recently moved to Chile, who has experienced a power cut. The news bulletin includes a report on the causes of the power cut. Listen to it, make notes and interpret, or summarize, into English the contents for your friend.

Esta mañana, por más de tres horas se mantuvo el corte de suministro eléctrico en Iquique y Arica. El sistema de interconexión de la región quedó desactivado y se presume que el corte de luz se produjo debido a las pésimas condiciones del clima que afecta en estos días a la región norte del país.

El corte de energía generó una serie de inconvenientes en hogares, comercio e industria. Varias empresas debieron paralizar sus labores durante las primeras horas del día.

Un vocero de la Superintendencia de Electricidad indicó que aunque se presume que fue el mal tiempo el causante del desperfecto, se ha iniciado una investigación para determinar con precisión las causas del incidente. Afortunadamente, agregó, el corte fue sólo parcial y la energía se ha ido restableciendo paulatinamente en la región afectada. Se espera que a eso de las cuatro de la tarde el restablecimiento de energía habrá sido total.

## Vocabulary ♦

| | |
|---|---|
| **suministro eléctrico** | power supply |
| **se presume** | it assumed |
| **corte de luz** | power cut |
| **vocero** | spokesperson |
| **desperfecto** | failure |
| **paulatinamente** | gradually |

## Learn an idiomatic expression

¡Qué barbaridad!    How awful!
¡Qué barbaridad! Los precios suben y el gobierno no controla nada.

 **Learn another idiomatic expression used in Latin American Spanish**

pagar con sencillo    to pay with coins, small change
Por favor, paguen con sencillo.

*Note*: in Spain the expression **suelto** is used for small change.

# 8 Los mayores

## In this unit you will be able to:

- learn some vocabulary related to social issues
- use negative words, such as **nada, nadie, ninguno**
- read about a Latin American country
- practise your interpreting skills
- learn some idiomatic expressions
- learn about **voseo**

## 🎧 Dialogue 1 (Audio 2: 10)

*A journalist is interviewing Lucrecia, who works for a non-governmental organization specializing in issues related to elderly people.*

PERIODISTA   Parecería que no se ha hecho nada por los ancianos, por lo menos en lo que respecta a programas gubernamentales. ¿Cuál es la situación de los adultos mayores en América Latina?

LUCRECIA   La situación de las personas de edad en América Latina es un tema de preocupación puesto que cada vez hay más adultos mayores en la población. Los índices de crecimiento de población son altos en el continente y además aumenta la esperanza de vida y disminuye la tasa de natalidad. En algunos países, la población de mayores de 60 años alcanza aproximadamente el 5%.

PERIODISTA   ¿Hay algún aspecto en particular que causa preocupación?

LUCRECIA   Un primer problema que afronta la gente de mayor edad es la dependencia económica. Muchos dependen económicamente de sus familiares, aunque reciban alguna pensión de jubilación, ya que en la gran mayoría de casos resulta insuficiente. Cabe destacar que el doble de mujeres que de hombres sufre de esta dependencia. Hay un 65% a 70% de mujeres en esta situación, mientras que los hombres suman entre 30 y 35%. A partir de los 75 años los ancianos se encuentran en una situación de mayor vulnerabilidad debido a enfermedades y falta de contacto social. Este sub-grupo constituye aproximadamente el 1,5% de la población.

PERIODISTA ¿A qué se debe que se haya agudizado el problema de los ancianos, teniendo en cuenta la tradición de vivir en familias extensas en las que se cuida a los mayores y se les reconoce un papel de influencia en el desarrollo de la unidad familiar?

LUCRECIA Los cambios que se viven en el continente, particularmente el fenómeno de urbanización y migración a las ciudades, hace que se abandone paulatinamente el modelo de familia extensa y se instituya la familia nuclear.

PERIODISTA ¿Qué acciones concretas piensan realizar?

LUCRECIA No hay nada mejor que la participación directa. El proyecto de nuestra ONG propone ofrecer recreación y compañía a los adultos de edad con actividades como gimnasia, cocina, yoga, artesanías, fotografía, entre otras. Se pretende realizar campañas en los medios de comunicación para concientizar a la población, inculcando la idea que el anciano merece respeto, aprecio y aceptación como miembros activos de la sociedad, en la que pueden hacer un aporte positivo y valioso.

## Vocabulary ◆

| | |
|---|---|
| **preocupación** | worry, concern |
| **índices** | rates |
| **esperanza de vida** | life expectancy |
| **tasa de natalidad** | birth rate |
| **pensión de jubilación** | retirement pension |
| **cabe destacar** | it must be pointed out |
| **se debe señalar** | it must be said |
| **ancianos** | elderly people |

| agudizado | made worse |
|---|---|
| **paulatinamente** | gradually |
| **ONG*** | NGO |
| **se pretende** | the intention is |
| **concientizar** | to raise awareness |
| **aprecio** | appreciation |
| **aporte** | contribution |

*Organización no gubernamental

*Note*: **concientizar** is used in Latin America for 'raise awareness'. **Concienciar** is used in Spain.

*Note*: **aporte** is used in Latin America for 'contribution'. **Aportación** is used in Spain.

## Language point ♦

Negative

*No* in negative statements
The negative particle **no** usually appears before the word it negates.

Examples:

**No vayas.**
Don't go.

**Me parece que no tiene la oportunidad de participar en las actividades.**
It seems to me that he doesn't have the chance to take part in the activities.

**¿No está Josefina?**
Is Josefina not in?

*No* in tag questions
It appears as a question at the end of a statement, in order to elicit agreement from the listener with what the speaker says, or to state that it is a foregone conclusion, or that the speaker already knows the answer to the question.

**Es una injusticia, ¿no?**
It's unfair, isn't it?

Vas a la fiesta, ¿no?
You are coming to the party, aren't you?

Esta no es la misma presentadora de antes ¿no?
She's not the same presenter as before, is she?

## Double negative

In a negative statement in Spanish, all components that can be negated must be in the negative.

Los secuestradores no se han comunicado con nadie de la familia.
The kidnappers have not contacted any member of the family.

No comió nada de carne y tampoco quiso comer el postre.
He didn't touch the meat and he didn't want to eat his dessert either.

Al final, ni vino ella ni mandó a un representante.
In the end neither she nor her representative came along.

## Exercise 1

Translate the following sentences into English.

1  No ha venido Laura porque no sabía que estabas ya de vuelta en casa.
2  ¿No está la comida?
3  Esta tarde compramos el nuevo CD, ¿no?
4  Que raro. Esta gata no come pescado.
5  Las personas mayores de la comunidad no han tenido la oportunidad de participar y no han sido consultados tampoco.
6  No preparó los gráficos ni el texto.
7  Ni es casado ni tiene niños. Todo es una farsa.
8  El gobierno debería ayudar con un subsidio a los estudiantes ¿no?
9  La música no parece ayudar a crear un ambiente adecuado.
10  No hay nada de lo que buscamos.

---

Learn an idiomatic expression

sin pena ni gloria    not outstanding
Su carrera de cantante pasó sin pena ni gloria.

*Nada* used as intensifier, with the meaning of 'not at all'

**No se ha hecho nada por los ancianos.**
Nothing at all has been done in favour of elderly people.

**A mí no me gusta nada este asunto.**
I don't like this business one little bit.

**Has estado trabajando sin parar. No has descansado nada.**
You have been working non-stop. You have not had a rest at all.

*Ni* (nor, neither)
It is usually repeated in a sentence before each element which is negated.

**No tenemos ni papel, ni cartuchos de tinta, ¿cómo quieren que completemos el trabajo?**
We haven't got paper or ink cartridges, how do they think we are going to finish off the job?

**No quería llamarlo ni verlo hasta que él explicara lo sucedido.**
She did not want to call or see him until he gave an explanation of what happened.

**Lo que queda claro es que ni tú ni yo estaremos en la lista de los que reciben aumento de sueldo, por haber cuestionado el comportamiento del gerente.**
What is clear is that neither you nor I will be in the list of those getting salary increases, because we questioned the manager's behaviour.

**Tampoco**
**Tampoco** can be understood as the equivalent of 'neither', 'not ... either', 'nor'. It usually requires a double negative construction.

**Llamé a Julia y no contestó. Llamé luego a Irene y tampoco estaba.**
I rang Julia and she did not answer. I then rang Irene and she was not in either.

**Fue una gran desilusión. No tenían el CD ni el video tampoco.**
It was a great disappointment. They did not have the CD or the video.

– **A mí no me gusta la sopa, dijo Carlitos.**
– **A mí no me gusta tampoco, dijo su hermanita.**
'I don't like soup,' said Carlitos.
'I don't like it either,' said her sister.

## Exercice 2

Fill in the blanks with **no, ni** or **nada**.

1 _____ me dieron _____ la dirección _____ el teléfono.

2 Que yo sepa, a Javier _____ le parece una buena idea y _____ creo que le parezca buena idea a Alicia tampoco.

3 El alcalde _____ dio más detalles y _____ quiso precisar una fecha para publicar el informe tampoco.

4 _____ María, _____ Estela, _____ Azucena, _____ Amparo sabían lo que había ocurrido.

5 Yo _____ quiero _____ tampoco.

6 A los chicos _____ les gustó _____ la película y a mí tampoco.

7 _____ han presentado trabajos _____ escultores, _____ pintores, _____ fotógrafos, _____ cineastas. ¿Cómo se le puede llamar muestra integral de las artes?

8 Se ha ayudado mucho a los niños, pero _____ a los ancianos.

9 Malena _____ quiere participar y su hermano Luis tampoco.

10 _____ la cocina _____ el microondas funcionan.

## 🎧 Text 1 (Audio 2: 11)

### Argentina

Es un país de gran extensión territorial, que cubre casi 2 millones 800 mil kilómetros cuadrados. Su población llega a unos 40 millones de habitantes. La gran mayoría de la población son descendientes de europeos, aunque hay una significativa proporción de mestizos e indígenas.

Su territorio es muy diverso e incluye los desiertos del norte, las fértiles pampas de la zona central, donde se encuentra Buenos Aires, la capital, hasta las heladas y desoladas regiones de la Patagonia al sur. Las cataratas del Iguazú, las cabalgatas por la cordillera de los Andes, el paseo por el elegante Buenos Aires, o un tiempo apacible en la ciudad de Mendoza son ejemplos de lo que hace de Argentina un lugar con múltiples atracciones para nacionales y extranjeros.

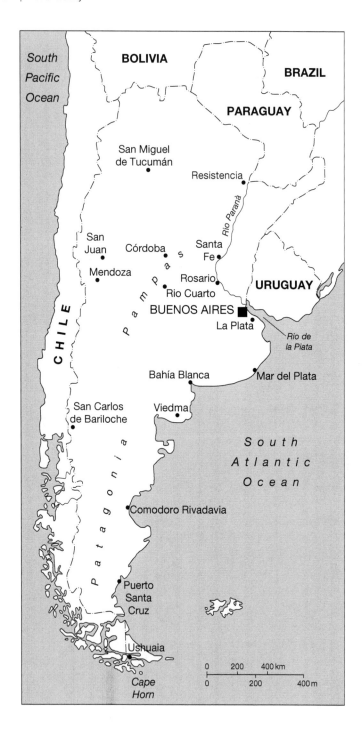

Mendoza es una ciudad donde se puede hacer turismo urbano, rural y de aventura. Hay varias reservas naturales creadas para preservar la biodiversidad, el paisaje y el patrimonio sociocultural. También hay posibilidades de hacer esquí en uno de las centros de Esquí de la región, por ejemplo Las Leñas, que cuenta con más de 30 pistas fáciles para esquiar.

Argentina ha dado el tango a la cultura universal. Baile y canto que nació entre los pobres porteños (pobladores de Buenos Aires) y que luego incursionó en los grandes salones de baile europeos de principios del siglo XX. Posteriormente se difundió por todo el planeta convirtiéndose en un símbolo de identidad argentina. Su mayor exponente fue Carlos Gardel, quien durante los años 20 y 30 del siglo pasado fue ídolo de multitudes, no sólo argentinas, sino de toda Latinoamérica. Gardel falleció en un trágico accidente aéreo en Colombia en 1936.

Argentina tuvo que afrontar una dictadura militar entre 1976 y 1983. El régimen dictatorial fue acusado de haber desaparecido a miles de oponentes. Aún hoy las madres de los desaparecidos reclaman saber el destino exacto de sus familiares. A pesar de sus riquezas naturales y de sus avances en la educación de su población, años de corrupción y mal manejo de las finanzas públicas, desembocaron en una grave crisis económica a comienzos de este siglo.

Los principales productos de exportación son ganado, carne, combustibles minerales, cereales. Es un país casi sin analfabetismo y con uno de los niveles más altos de ingresos per cápita de América Latina. Sus principales diarios de circulación nacional son *La Nación*, *El Clarín* y *Página 12*. La cadena Telefe y la televisora estatal Canal 7 son dos de los principales canales de televisión argentina.

| | |
|---|---|
| Capital | Buenos Aires |
| Código de discado telefónico internacional | +54 |
| Dominio de internet | ar |
| Moneda nacional | el peso argentino |
| Población | 39 millones |

## Vocabulary ♦

| | |
|---|---|
| **descendientes** | descendants |
| **desoladas** | isolated |
| **cataratas** | waterfalls |
| **cabalgata** | horse riding |
| **apacibles** | peaceful |
| **incursionó** | was introduced |
| **afrontar** | to face |
| **régimen** | regime |
| **desaparecidos** | missing persons |
| **manejo** | handling |
| **desembocaron** | ended up |
| **ganado** | cattle |
| **analfabetismo** | illiteracy |

## Exercise 3

Using the text above, fill in the right hand column.

| | |
|---|---|
| Algunas características geográficas de Argentina | |
| Algunos atractivos de la ciudad de Mendoza | |
| Símbolo de identidad argentina conocido mundialmente | |

### Learn an idiomatic expression

sin ton ni son   not coherent – it doesn't make sense
**Esta película es una historia sin ton ni son.**

***** **Por esta semana nomás** *****

**Descuentos de hasta 35% en nuestras secciones de perfumería, artículos de belleza, regalos y artesanías.**
**No se lo pierda. Recuerde, ¡una semana nomás!**

# El Rumor

**Diario popular de la mañana – Edición nacional**

**Nomás que la vi, se fue corriendo**
**El detenido por la policía niega haber agredido a la mujer**

## Language point ♦

*Nomás*

There are several uses/meanings of this expression.

Examples:

Por esta semana nomás.
Only this week.

Nomás que la vi, se fue corriendo.
As soon as I saw her, she ran away.

– ¿Me puede decir dónde está el mercado?
– Aquicito nomás.
'Can you tell me where the market is, please?'
'Very near.'

## Exercise 4

Translate the following sentences into English.

1 No necesitas ir hasta el mercado. Compra en la tienda de la esquina nomás.
2 Hablé con ella ayer nomás y me pareció que estaba mejor.
3 No te compliques la vida. Déjalo así nomás.
4 Lo golpeó en la cara nomás porque no le gustaba su risa.
5 Siéntese nomás. Ahorita viene el doctor.
6 Venga solo nomás. Nada le va a pasar.
7 Termine nomás que yo lo espero.
8 Nomás espérate hasta que llegue Julián, y entonces le preguntamos.
9 Compra todo lo que necesitas nomás, si te falta yo te presto plata.
10 Hasta aquí llego nomás.

## Voseo

**Voseo** is the use of **vos**, instead of **tú**, as the second person singular. This happens particularly in Argentina, but it is also found in Uruguay, Paraguay, Chile and in countries of Central America, including some areas in the south of Mexico.

Examples:

| | |
|---|---|
| **Vos tenés un problema.** | (Tú tienes un problema.) |
| You have a problem. | |
| **Vos cuidás muy bien de la abuela.** | (Tú cuidas muy bien de la abuela.) |
| You look after grandma very well. | |

*Note*: the pronoun **te** is used with **vos**.

Example:

**Vos te quedaste en la casa. ¿Por qué?**
You stayed at home, why?

The main verb forms which are only used with **vos** are:

| | |
|---|---|
| Present indicative | **estudiás, comés, escribís** |
| Imperative | **estudiá, comé, escribí** |
| Present subjunctive | **estudiés, comás, vivás** |

*Note*: in **voseo**, **sos** is the form for the verb **ser** in the present indicative.

Example:

**Vos sos muy ingenuo.**
You are very naive.

© Joaquín Salvador Lavado (QUINO). Todo Mafalda – Editorial Lumen – 1992.

## Exercise 5

Rewrite the following sentences using **vos** and making the relevant changes to the verb.

Example:

**Tú regresas temprano del colegio.**
**Vos regresás temprano del colegio.**

1  Tú no me conoces.
2  Creo que tú quieres un poco más de helado.
3  En este caso tú tienes razón.
4  No creo que tú andes preocupada por el asunto del nuevo personal.
5  ¿Qué haces tú ahí?
6  ¿Te imaginas tú lo que dirán todos al verte?
7  Tú no quieres un café, ¿verdad?
8  Siempre tú sales con lo mismo.
9  Estudia un poco para el examen.
10  Con esa ropa tú pareces estrella de cine.

---

**Learn an idomatic expression**

**Ni me va ni me viene.**    It doesn't matter to me.
**Lo que le pase a ella, ni me va ni me viene.**

# La Última

*diario de la tarde*

**Nadie sabe nada**

**Fue la opinión general**

## Language point ♦

More negative words

Nada
The word **nada** can mean 'nothing' or 'anything'.

Examples:

**No me dijo nada. Fue una sorpresa.**
He didn't tell me anything. It was a surprise.

**No hay nada que hacer.**
There is nothing to do.

**Antes que nada, es mi amigo.**
More than anything, he is my friend.

Nadie
The word **nadie** means 'nobody' or 'anybody'.

Examples:

**No hay nadie en la casa. Es muy raro.**
There is nobody in the house. It's strange.

**No le puedo decir a nadie la cantidad de dinero de la herencia.
Es un secreto.**
I can't tell anybody the exact amount of money inherited. It is a
secret.

**Es imposible oir nada.**
It is impossible to hear anything.

## Nunca, jamás

These two words mean 'never', although **jamás** is more emphatic and suggests 'never ever'.

> **Nunca me ayudó cuando la necesité.**
> She never helped me when I needed her.

> **Jamás la visto en mi vida a esa persona.**
> I have never, ever, seen that person in my life.

> **El hecho que nunca te dije nada sobre mi enfermedad se explica porque no quería preocuparte.**
> The fact that I never told you about my illness is justified because I didn't want you to worry about it.

## Ninguno

The word **ninguno** is understood as 'no one' 'none'.

Examples:

> **Ninguno tenía tarjeta de crédito.**
> No one had a credit card.

> **Al final, no nos gustó ninguno de los cuadros que vimos.**
> In the end we didn't like any of the paintings we saw.

> **De todos los candidatos, ninguno cumplía con los requisitos.**
> Out of all the candidates, no one fulfilled the requirements.

*Note*: When **ninguno** is followed by a noun to which it refers, then it becomes **ningún** if that noun is masculine and **ninguna** if the noun is feminine.

Examples:

> **Ningún trabajador se quedará sin empleo.**
> Not one worker will be without a job.

> **No hay ninguna persona más idónea para el cargo que Isabel.**
> No other person is more suitable for the post than Isabel.

## Exercise 6

Translate the following sentences into English.

1 Nadie se sacó el premio de la lotería esta semana.
2 Nada me dijo aquel día.

3 ¿No hay ninguno aquí que sepa el teléfono o la dirección de Rebeca?
4 No sacó ninguna ventaja de la discusión.
5 Nadie quiso defenderla, así que lo tuve que hacer yo.
6 Jamás me hubiera imaginado que era un escritor famoso.
7 Si me hubiera quedado hasta más tarde, nada hubiese ocurrido.
8 No hubiera habido explosión. Nadie habría resultado herido tampoco.
9 No hay nada y no hay nadie.
10 Ningún miembro de la delegación vino a recibirla.

## Text 2

En la parte superior izquierda de este recuadro se encuentra el logotipo del Comité del Patrimonio Mundial de la UNESCO. El logotipo está formado por un círculo blanco, que representa la Tierra y su protección. Las palabras PATRIMONIO MUNDIAL aparecen en varios idiomas en letras blancas sobre un fondo azul marino. Las palabras en castellano se hallan por encima del círculo que representa nuestro planeta. En las partes laterales se encuentran las versiones en inglés y francés respectivamente. El cuadrado inclinado en el centro representa la interdependencia y relación íntima que existe entre la cultura y la naturaleza. En suma, el logotipo refleja la relación existente entre el patrimonio cultural y el patrimonio natural de la humanidad.

## Vocabulary ♦

| | |
|---|---|
| **recuadro** | box, frame |
| **logotipo** | logo |
| **está formado por** | it comprises |
| **patrimonio** | heritage |
| **sobre un fondo** | against a background |
| **por encima de** | above |
| **partes laterales** | sides |
| **inclinado** | leaning |
| **relación estrecha** | close relationship |
| **en suma** | in short |
| **humanidad** | humankind |

## Exercise 7

Using the example above, find another logo, and describe it in Spanish. Either find out or guess what the different elements of the logo mean or what image it is trying to project. The following words may help you.

| | |
|---|---|
| **en la parte superior/inferior** | at the top/bottom |
| **subrayado** | underlined |
| **enlace** | link |
| **significa** | it means |
| **imagen** | image |
| **parece ser** | it seems to be |
| **da la impresión de** | it gives the impression of |
| **contrasta con** | it is in contrast to |

## Exercise 8

### Bienes del patrimonio mundial en Latinoamérica

A continuación hay una relación de bienes situados en Latinoamérica que están inscritos en la Lista del Patrimonio Mundial de la Unesco. ¿Puedes decir en qué país está cada lugar que figura en la lista?

| Patrimonio | País |
|---|---|
| 1 Islas Galápagos | |
| 2 Ciudad vieja de La Habana y su sistema de fortificaciones | |
| 3 Reserva de la biosfera de Río Plátano | |
| 4 Parque nacional Darién | |
| 5 Puerto, fortalezas y conjunto monumental de Cartagena de Indias | |
| 6 Santuario histórico de Machu Picchu | |
| 7 Ciudad colonial de Santo Domingo | |
| 8 Sitio arqueológico de Joya de Cerén | |
| 9 Parque nacional de Tikal | |
| 10 Península Valdés | |
| 11 Iglesias de Chiloé | |
| 12 Tiwanaku: centro espiritual y político de la cultura Tiwanaku | |
| 13 Parque nacional de Isla del Coco | |
| 14 Zona de monumentos históricos de Querétaro | |
| 15 Ruinas de León Viejo | |
| 16 Parque nacional Canaima | |
| 17 Misiones jesuíticas de la Santísima Trinidad de Paraná y Jesús de Tavarangue | |
| 18 Barrio histórico de la Ciudad de Colonia del Sacramento | |

Se puede encontrar más información sobre bienes latinoamericanos incluidos en la Lista del Patrimonio Mundial en la página web de la UNESCO www.unesco.org.

## Exercise 9

Selecciona cinco lugares de la lista anterior y escribe una o más frases sobre cada uno de ellos. Puedes incluir su ubicación, tamaño, antiguedad, naturaleza del lugar, y otros datos importantes.

Ejemplo:

**Península Valdés está situada en la Patagonia argentina.**
**Se pueden encontrar aves marinas, ballenas y lobos marinos.**

# 9 Vida cotidiana

## In this unit you will be able to:

▶ revise the rules for accents
▶ use words with **acento diacrítico** (words that can have an accent or not, depending on meaning)
▶ read about transport in Latin America
▶ practise your translation skills

---

## 🎧 Dialogue 1 (Audio 2: 14)

*Four people are expressing their views or sharing their experience regarding jobs, salaries and other aspects of daily life.*

CARLOS

Como mucha gente, yo siento que los sueldos no aumentan. El poder adquisitivo está igual desde hace cinco años, y aunque se sigue ganando lo mismo, aumentan los precios de las cosas, especialmente de los artículos de primera necesidad. El gobierno anterior eliminó muchos derechos laborales y ahora muchas personas nos encontramos en empleo precario. Yo, por ejemplo solo tengo un contrato por tres meses. Después, no sé.

ELVIRA

Las necesidades de mi familia y mi subsistencia apenas se logran cubrir con lo que yo gano, que es alrededor de 250 dólares mensuales. No alcanza para entretenimiento, diversión o actividades culturales. No podemos salir de paseo o turismo. La última vez que fuimos de vacaciones a la zona de la costa norte fue hace cuatro años, que fue un año particularmente bueno para nuestro pequeño negocio, y que nos permitió ahorrar lo suficiente. Ahora es diferente. Hay que tener en cuenta que somos cinco los integrantes de la familia. Así no se puede.

ANA

Trabajo de administradora de una empresa mediana que se dedica a la fabricación y comercialización de ropa. La empresa lleva casi nueve años en el mercado y cuenta con tres locales, uno en el centro de la capital, otro en el aeropuerto internacional, y un tercero en uno de los más concurridos centros comerciales. No me puedo quejar. Me ha ido bien en mi trabajo y el monto de mi sueldo llega en promedio a los 800 dólares mensuales. Si la economía continúa su rumbo de mejoría, se incrementarán las ventas y los sueldos también mejorarán. Me siento optimista y creo que las cosas mejorarán en los próximos dos años.

MIGUEL

Desde hace unos meses estoy trabajando como distribuidor de verduras y frutas a restaurantes situados en el centro. Cuando me despidieron de mi empleo por reducción de personal, compré una camioneta con lo que me dieron de indemnización. Por lo menos me defiendo con la camioneta. Es una herramienta de trabajo. Antes trabajaba para una empresa de construcción, pero luego vino la crisis y me quedé sin empleo. En mi tiempo libre hago algunos trabajitos para suplementar mis ingresos.

## Vocabulary ♦

| | |
|---|---|
| **sueldo** | salary |
| **poder adquisitivo** | purchasing power |
| **primera necesidad** | basic |
| **derechos laborales** | workers' rights |
| **entretenimiento** | leisure |
| **concurrido** | busy, crowded |
| **monto** | amount |
| **promedio** | average |
| **verdura** | vegetables |
| **camioneta** | small van |
| **indemnización** | redundancy payment |

## Language point ♦

### Stress and written accent

When a word ends in a vowel, -n or -s, and the stress is on last syllable, an acute accent is written on the vowel of the stressed syllable. These words are known as **agudas**.

Examples:

> **acá**
> **bisturí**
> **canción**
> **después**

When a word ends in a consonant, except -n or -s, and the stress is on the penultimate syllable, an acute accent is written on the vowel of the stressed syllable. These words are known as **graves** or **llanas**.

Examples:

> **cáncer**
> **ángel**
> **carácter**
> **fénix**

When the stress is before the penultimate syllable, an acute accent is written on the vowel of the stressed syllable. These words are known as **esdrújulas**. All esdrújulas have a written accent on the vowel of the stressed syllable.

Examples:

> **pacífico**
> **última**
> **estilístico**

## Exercise 1

Write an accent on the following words on the vowel of the stressed syllable.

1 situacion
2 continuara
3 tambien
4 dia
5 minimo
6 paralisis
7 comite
8 carcel
9 estacion
10 recordare

## Exercise 2

Write an accent on the words which require one.

1 impresora
2 raton
3 cortina
4 numero
5 espejo
6 automovil
7 pais

8 entero
9 accion
10 establo

 ## Text 1 (Audio 2: 15)

### El transporte público en América Latina

De los cien millones de viajes en vehículos motorizados que se realizan en América Latina diariamente, la mayoría de estos se hacen en transporte público.

México D.F. y Lima son dos ejemplos de capitales que dependen ampliamente del transporte público para el transporte de la población a sus centros de trabajo, a los lugares de compras, a los lugares de entretenimiento y de regreso a su hogar.

El crecimiento rápido y desproporcionado de estas ciudades ha originado graves problemas de congestión de tránsito de vehículos en calles y carreteras, haciendo que los gobiernos centrales y locales busquen soluciones al problema. En la ciudad de México una parte del transporte en autobuses ha estado en manos de pequeñas empresas, las cuales han puesto en servicio princi-palmente microbuses para el transporte de pasajeros. Estos microbuses son pequeñas unidades con capacidad para 20 personas sentadas. Hay otros microbuses más pequeños cono-cidos como *peseros*, nombre derivado del peso, la unidad monetaria de México.

El tren subterráneo de México D.F. inauguró su primera etapa en 1972 y cuenta en la actualidad con casi 200 kilómetros de reco-rrido que comprenden vías de superficie, túneles y viaductos. El sistema de trenes subterráneos de Ciudad de México es muy parecido al Metro de París, ya que ambos comparten la misma tecnología, aunque se han hecho ciertas modificaciones para adaptar los trenes a la realidad vial de la capital azteca.

El metro de México D.F. da empleo a más de trece mil trabajadores, en labores operativas, de mantenimiento, administrativas y de seguridad. Cada tren subterráneo transporta generalmente unos 1.500 pasajeros, sobrepasando las dos mil personas en las horas de mayor afluencia de público.

Lima es otra ciudad latinoamericana con graves problemas de congestión vehicular y deficiente transporte público. Lamentablemente no cuenta con un sistema de transporte masivo de pasajeros como el de Ciudad de México. Se ha concluido únicamente la construcción de la primera etapa del Tren Eléctrico de Lima, el que sólo cubre una ruta muy corta en las afueras del centro urbano, que es utilizada por un reducido número de pasajeros. La mayor parte del transporte masivo es cubierta por microbuses administrados por pequeñas empresas, que por lo general brindan un servicio ineficiente. Las unidades más pequeñas son conocidas como las *combis* y tienen la mala fama de ser conducidas sin tener mucha consideración por el pasajero o por los peatones. Los cobradores de pasajes en los microbuses viajan normalmente colgados de la puerta del vehículo anunciando su ruta y tratando de animar a subir a sus unidades a los pasajeros que esperan transporte. El plan de construcción del Tren Eléctrico no se ha archivado y aún se encuentra entre los proyectos de la Municipalidad de Lima para realizarse en un futuro cercano.

## Vocabulary ♦

| | |
|---|---|
| **vehículos** | vehicles |
| **ampliamente** | widely |
| **carreteras** | roads |
| **pequeñas empresas** | small businesses |
| **unidad monetaria** | currency |
| **en la actualidad** | nowadays |
| **parecido** | similar |
| **sobrepasando** | reaching over |
| **horas de mayor afluencia** | peak hours |

## Exercise 3

Using the text above, make notes in Spanish on each of the three topics below comparing the two cities.

|  | Lima | México D.F. |
|---|---|---|
| Tren de transporte masivo |  |  |
| Transporte en autobuses |  |  |
| Autobuses pequeños |  |  |

## Exercise 4

Translate into English the last paragraph of the text above, i.e. from Lima es otra ... up to ... futuro cercano.

Learn an idiomatic expression

ser de buen comer    to eat well, to enjoy food
El señor se terminó todo lo que le servimos. Es de buen comer.

# Text 2

### Iniciativa legislativa ante accidentes de tránsito

(RPP internet) El congresista y tercer vicepresidente del Parlamento, Hildebrando Tapia, del partido Unidad Nacional, presentó un proyecto de ley que propone la creación de la Autoridad Autónoma de Transporte de Personas.

Según la propuesta legal dicho organismo será el ente rector encargado de regular en materia de seguridad vial combatiendo las causas que provoquen los accidentes de tránsito.

Igualmente la de adoptar medidas orientadas a atender los efectos, control, supervisión, implementación de infraestructura y educación vial en el ámbito nacional.

Tapia sostuvo que los accidentes de tránsito en el país producen anualmente un aproximado de dos mil 100 personas fallecidas y 16 mil lesionadas, así como cuantiosos daños económicos a la nación, estimados en el uno por ciento del Producto Bruto Interno (PBI).

## Exercise 5

Using the text above, complete the following statements in Spanish.

1  La autoridad que se propone crear se llamaría ...
2  Una función de dicha Autoridad sería ...
3  También tendría como función ...
4  Las estadísticas de accidentes de tránsito muestran que ...
5  El perjuicio a la economía del país se ha calculado en. ...

## Language point ◆

### Acentuación diacrítica

Monosyllables are sometimes written with an accent and other times without.

These words with a written accent mean one thing, and without an accent they mean something different. This is called **acentuación diacrítica**, i.e. two criteria to decide whether you write an accent or not.

### Mí
It is written with an accent when it is a pronoun.

Examples:

**Este paquete es para mí.**
This parcel is for me.

**A mí me parece una terrible equivocación, no un delito.**
It seems to me that this is a terrible mistake, not a crime.

## Mi
It has no written accent when it is a possessive adjective.

Examples:

**Mi hija viene a verme mañana, así que saldremos a tomar algo por allí.**
My daughter is coming to see me tomorrow, so we will go out to have a drink.

**Alcánzame mi abrigo.**
Pass me my coat.

**Mi impresión es que no se han preparado para la presentación.**
I have the impression that they have not prepared the presentation well.

## Tú
It is written with an accent when it is a pronoun.

Examples:

**Tú vienes con nosotros, quieras o no.**
You are coming with us, whether you want to or not.

**Ni tú ni nadie me van a decir como llevar mi vida.**
Neither you nor anybody else is going to tell me how to lead my life.

**Creo que tú, mejor que nadie, podrá tomar las decisiones que son necesarias en la empresa.**
I think that you, better than anybody else, will be able to make the right decisions for the company.

## Tu
It has no written accent when it is a possessive adjective

Examples:

**Tu propuesta será bien acogida por el directorio.**
Your proposal will be welcomed by the directors.

**Oye, tu prima es un encanto.**
Hey, your cousin is a sweetie.

**Lo que pasa es que tu opinión era muy radical y asustó a los socios que asistieron a la asamblea.**
What happened is that your position was too radical and frightened the members attending the meeting.

## Él

It is written with an accent when it is a pronoun.

Examples:

**No creo que él venga. Quizás vendrá alguien en su representación.**
I do not think that he will turn up. Maybe somebody else will represent him.

**En la sesión él lo dijo muy claro. No tiene pelos en la lengua.**
He said it very clearly during the meeting. He is very outspoken.

**Pudo haber sido él, pero no tenemos cómo demostrarlo.**
It may have been him, but we cannot prove it.

## El

It is written without an accent when it is a masculine definite article.

Examples:

**El libro que estoy leyendo es de un autor guatemalteco.**
The book I am reading is by a Guatemalan author.

**Pásame el azúcar, por favor.**
Please, pass me the sugar.

**Hasta el momento no hay noticias.**
There is no news yet.

## Sí

It has an accent when it is the affirmative particle (yes).

Examples:

**Sí, las pinturas son auténticas.**
Yes, the paintings are authentic.

**Creo que sí.**
I think so.

**El castellano sí me gusta.**
I do like Spanish.

## Si

It does not have an accent when it refers to the conditional particle (if).

Examples:

**Si quieres te llevo a tu casa.**
If you want to I will take you home.

**Te habría dicho si supiera algo.**
She would have told you if she had known something.

**Si hubiese podido hablar contigo, te habría contado los pormenores del caso.**
If she had been able to talk to you, she would have told you the details of the case.

## Sé

With an accent it is the form for the first person singular of the verb **saber** (to know) in the present indicative.

Examples:

**No sé que pasó.**
I don't know what happened.

**Ya sé que no te gusta el medicamento, pero te lo tienes que tomar para mejorar.**
I know that you don't like the medicine but you need to take it so that you can get better.

**Por supuesto que sé la respuesta.**
Of course I know the answer.

## Se

It is a personal pronoun when written without an accent.

**Se cayó de la cama.**
He fell off the bed.

**No se sabe cuándo volverá.**
It is not known when he will be back.

**Se acaba de publicar un nuevo libro sobre la dictadura en Paraguay a fines del siglo diecinueve.**
A new book about the dictatorship in Paraguay at the end of the nineteenth century has just been published.

## Sólo
It has an accent when it means 'only'.

Examples:

**Sólo estaré un ratito en la casa de mi cuñada.**
I will only be at my sister-in-law's house for a short while.

**La señora sólo me dio medio kilo, aunque yo le había pedido un kilo de arroz.**
The lady only gave me half a kilo, although I had asked her for one kilo of rice.

**Esperemos que sólo sea un defecto de diseño.**
Let's hope that it is only a design fault.

## Solo
It does not have an accent when it means 'alone'.

Examples:

**Se siente muy solo en esa casa tan grande y sin compañía.**
He feels lonely in that huge house without any company.

**Se quedó solo después de la fiesta.**
He was on his own after the party.

**Felipe estaba solo en su oficina cuando lo vinieron a buscar sus socios.**
Felipe was alone in his office when his partners came to look for him.

*Note*: A recent ruling states that **sólo** (with accent) may be used only when it avoids confusion. However, many people still apply the previous rule, as explained above.

## Aún
It has an accent when it means 'not yet', 'still'.

Examples:

**Aún no ha llegado la gerente.**
The manager has not arrived yet.

**Aún tiene posibilidades de ganar.**
He still may win.

**Aún me parece muy pronto para lanzar el reclamo salarial.**
I still think that it is too early to launch the salary claim.

**Aun**

It does not have an accent when it means 'including' or 'even'.

Examples:

> **Abrumadoramente se oponían a la decisión, aun los más tímidos protestaban.**
> There was overwhelming opposition to the decision, even those who were shy demonstrated against it.

> **Aun los más acomodados se vieron afectadas por la crisis económica.**
> Even those who were wealthy were affected by the economic crisis.

> **Ni aun Amparo, que era tan inteligente, pudo resolver el problema.**
> Not even Amparo, who is so intelligent, managed to solve the problem.

## Exercise 6

Write an accent on the words which require one.

1   Te presto el libro, pero solo hasta mañana. Ya se que es poco tiempo. Sin embargo, tu sabes que lo necesito para terminar mi trabajo.
2   Aun los niños saben que hacer en este caso. ¡Tu no! ¿Donde tienes tu cerebro? ¿Por que no prestas atencion a lo que se te dice?
3   Se afirmo que una operacion militar aprobada por las Naciones Unidas tendria mas legitimidad y posibilidades de exito.
4   Manuel Martinez a los 19 minutos convirtio el unico gol del partido con una gran definicion y tras una gran combinacion con su compañero D'Allorto, expulsado en el ultimo minuto del encuentro.
5   Con una buena asistencia de publico se dio inicio el 31 de enero al carnaval mas largo del mundo.
6   El escritor guatemalteco Augusto Monterroso, que recibio el Premio Principe de Asturias en el año 2000, murio el viernes en la ciudad de Mexico, se informo este sabado.
7   ¿Es este el te que te tomas tu?
8   Aun empapados por la lluvia, preparamos la comida y nos dispusimos a pasar la noche en aquel mistico lugar.

9 Para participar del concurso solo tiene que enviarnos un relato del viaje realizado. En el debe contar por que le gusto el lugar, donde queda y como se llega a el. Ademas debe incluir sus datos personales en una tarjeta postal.

10 El 14 de febrero se celebra el dia de los enamorados en recuerdo del martir Valentin quien murio en el siglo III.

## 🎧 Text 3 (Audio 2: 17)

### Perú

El Perú está situado en la parte occidental de América del Sur. Tiene fronteras con Ecuador, Colombia, Brasil, Bolivia y Chile. A fines de la primera década de este siglo XXI, su población llegará a unos 30 millones de habitantes. Aproximadamente el 30 por ciento de la población vive en Lima, la capital del país.

El Perú cuenta con un variado paisaje en sus zonas naturales de costa, sierra y selva. La ciudad andina del Cuzco, antigua capital del imperio incaico, es uno de los principales destinos turísticos del país, donde se puede observar la yuxtaposición de los elementos arquitectónicos incas e hispánicos. Otro destino muy popular son las ruinas de la ciudadela inca de Machu Picchu, situadas a 3 horas de la ciudad de Cuzco. Muchos turistas también visitan Nazca, localidad costeña, donde se pueden apreciar enigmáticas líneas trazadas en la arena del desierto. Otros lugares de interés turístico son Chan-Chan, ciudadela de barro situada en la costa norte del país y el Callejón de Huaylas, zona de picos nevados.

Su historia como república ha sido testigo de una sucesión de gobiernos elegidos y de períodos de dictadura militar. Uno de sus problemas sociales recientes más graves fue el enfrentamiento entre las fuerzas armadas y las fuerzas rebeldes de Sendero Luminoso y del MRTA (Movimiento Revolucionario Túpac Amaru). Como resultado, murieron casi 70 mil personas. El desplazamiento de muchos pobladores de zonas rurales durante el período de insurgencia intensificó el movimiento migratorio a la capital, que ya se había iniciado en décadas anteriores. La pacificación del país se logró a comienzos de los años 90.

En el Perú, aparte del castellano, se habla quechua y aymara, que son idiomas indígenas. También se pueden encontrar más de 50 otros idiomas indígenas entre las comunidades de pobladores de la selva amazónica. Dos autores reconocidos internacionalmente son Mario Vargas Llosa y Alfredo Bryce Echenique.

La expectativa de vida es de 72 años entre las mujeres y 67 años entre los hombres. La moneda es el nuevo sol, que se divide en 100 céntimos. Algunos de los principales productos de exportación son: pescado, harina de pescado, cobre, derivados de petróleo, café y azúcar.

Los diarios principales son *El Comercio* y *La República*. El diario *El Peruano* es el diario oficial del gobierno. Panamericana Televisión (canal 5) y América Televisión (canal 4) son las estaciones más sintonizadas. El estado administra el canal 7, Televisión Nacional del Perú. Radio Programas del Perú (conocida por sus iniciales RPP) es la emisora de radio más popular.

| | |
|---|---|
| Capital | Lima |
| Código de discado telefónico international | +51 |
| Dominio de internet | pe |
| Moneda | nuevo sol |
| Población | 25 millones |

## Vocabulary ♦

| | |
|---|---|
| **frontera** | border |
| **década** | decade |
| **paisaje** | landscape |
| **ruinas** | ruins |
| **costeña** | on the coast, coastal |
| **pico nevado** | snow-capped mountain |
| **enfrentamientos** | clashes |
| **desplazamiento** | displacement |
| **a comienzos** | at the beginning |
| **harina de pescado** | fishmeal |
| **derivados de petróleo** | petroleum by-products |

## Exercise 7

Using the text above, decide if the following statements are true (**verdadero**) or false (**falso**).

1 Perú está situado en el oeste de América del Sur.
2 Tiene fronteras con cuatro países.
3 La mayoría de la población vive en la capital.
4 La ciudad del Cuzco está en los Andes.
5 Se han alternado en el poder gobiernos civiles y militares.

*Note*: in Latin America the word **chofer** (driver) is pronounced with stress on the syllable -**fer** while in Spain it is pronounced **chófer**, with stress on the syllable **chó**-.

Iglesia de la Compañía en la Plaza de Armas de Cuzco, Perú

# 10 La mujer, la familia

**In this unit you will be able to:**

▶ learn vocabulary related to family issues
▶ learn some idiomatic expressions
▶ revise the use of prepositions **por** and **para**
▶ practise your translation skills

## 🎧 Dialogue 1 (Audio 2: 19)

*Rebeca is answering some questions about the situation of women in Latin America.*

MARIANO  Tradicionalmente se ha visto a la mujer latinoamericana como una persona sumisa, conforme a los patrones del machismo, que se queda en casa, cuida a los niños, lava, plancha . . .

REBECA  Durante mucho tiempo la mujer latinoamericana ha estado así y es cierto que en partes de América Latina sigue siendo este el caso, pero en los últimos cuarenta años se han producido cambios importantes en la sociedad que han permitido a muchas mujeres pasar de un papel pasivo y receptivo a un papel activo, en el que han contribuido con nueva energía y con un punto de vista distinto, a la vida social y política.

MARIANO  ¿Cómo se ha producido el cambio?

REBECA  Los factores son muchos y diversos y dependen del país y de la clase social a la que pertenecen. Encontramos, por ejemplo, que hay más mujeres al mando de la familia, que tienen que salir a trabajar, muchas veces en el sector informal de la economía, para llevar el sustento a la familia, y a la vez tienen que realizar todas las tareas hogareñas que tradicionalmente le impone la sociedad. Otro factor que considerar es que el número de hijos por familia ha disminuido significativamente, dejando más tiempo para otras actividades aparte de la crianza de los chicos. Las oportunidades educativas se han multiplicado. En la planificación familiar ahora disponemos de anticonceptivos, aunque hay hombres que aún se oponen al uso de estos porque ven en el número de hijos un reflejo de su hombría. Por otro lado hay que recordar que el índice de analfabetismo se ha reducido mucho y ha facilitado el paso de las mujeres por el sistema educativo, con lo que han llegado a puestos de responsabilidad que antes no podían alcanzar.

MARIANO  ¿Es esto igual en todos los estratos sociales?

REBECA  Entre los más pobres estos cambios llevan más tiempo. En las clases medias y altas, el cambio es más fácil de alcanzar. La gran mayoría de mujeres tiene acceso a la educación, no sólo básica sino secundaria y superior, lo que le permite llegar a puestos de alta responsabilidad en la sociedad. En los últimos años la mujer ha irrumpido en la política, en el arte, en la literatura y en otros campos que antes estaban dominados casi exclusivamente por el hombre.

## Vocabulary ◆

| | |
|---|---|
| **sumisa** | submissive |
| **patrones** | patterns |
| **punto de vista** | point of view |
| **clase social** | social class |
| **pertenecer** | to belong to |
| **al mando** | in charge |
| **tareas hogareñas** | household chores |
| **crianza** | upbringing |
| **anticonceptivos** | contraceptives |
| **hombría** | manhood |
| **estratos sociales** | social classes |
| **irrumpir** | to get in |

## Language point ♦

### Prepositions *por* and *para*

**Por** was studied before in this book, but here it is contrasted with **para**. One particular difficulty with these two prepositions is that sometimes both mean 'for'.

**Para**

Some main uses of **para**:

It indicates purpose or destination.

Examples:

> **Las mujeres tienen que salir a trabajar para llevar el sustento a su hogar.**
> Women have to go out to work, so that they can maintain their families.

> **Este ramo de flores es para ti.**
> This bunch of flowers is for you.

> **Facultándolas para alcanzar puestos de responsabilidad.**
> Empowering them to achieve posts of responsibility.

> **Se fueron para Nueva York.**
> They left for New York.

It also has the meaning of 'by a certain time'.

Examples:

> **La traducción estará lista para el jueves.**
> The translation will be ready for Thursday.

> **No creo que para entonces se haya dormido el bebe.**
> I do not believe that the baby will have fallen asleep by then.

It is also used to indicate 'for a period of time', usually in the future.

Examples:

> **Les dimos provisiones para dos semanas.**
> We gave them provisions for two weeks.

La visa le servía para tres meses.
His visa was valid for three months.

## Por

Main uses of **por**:

To indicate cause, reason, motive.

Examples:

**Lo hizo por amor a sus hijos.**
She did it because she loves her children.

**Todo era por plata.**
Everything was because of money.

**El auto quedó inmovilizado por la nieve.**
The car would not move because of the snow.

It is also used with the meaning of 'by', particularly in passive constructions.

Examples:

**Fue detenido por la policía cuando se dirigía a su casa.**
He was stopped by the police on his way home.

**Este libro fue escrito por un profesor con experiencia.**
This book was written by an experienced teacher.

To indicate substitution:

Examples:

**Te cambio este reloj por tu radio.**
I will exchange this watch for your radio.

**Va a tocar la guitarra por su hermano.**
He is going to play the guitar instead of his brother.

Meaning 'per':

Examples:

**Trabajaba tres veces por semana en el restaurante cerca de su casa.**
She worked three times a week in the restaurant near her home.

**Cuesta dos dólares por persona.**
It costs two dollars per person.

With the idea of 'to fetch':

**Voy a la sala por mi abrigo.**
I am going to the living room for my coat.

**¿Puedes ir por la encomienda?**
Can you go and fetch the parcel?

To indicate the manner in which something is done:

Examples:

**Mandé el sobre por mensajería.**
I sent the envelope by courier.

**Por lo general, no está en casa los viernes.**
Generally, he isn't at home on Fridays.

## Exercise 1

Complete the following sentences using **por** or **para**.

1 La entrada al baile cuesta 10 dólares _____ pareja.
2 Trajo una docena de ejemplares _____ mostrar al público.
3 El botón más chiquito sirve _____ encender el motor.
4 No creo que se quede _____ más de tres días.
5 Tienes que practicar _____ perfeccionarte en el baile.
6 Dentro de una hora voy al teatro _____ mi hija.
7 Quedó impresionado _____ la cantidad de gente que lo recibió.
8 El trabajo quedará listo _____ el fin de mes.
9 Saldremos _____ Lima de madrugada.
10 ¿ _____ qué hacemos todo esto?

As a preposition of place, **por** has the following main uses:

Meaning 'throughout' or 'all over the place':

Examples:

**El castellano se habla por casi todo Latinoamérica.**
Spanish is spoken almost everywhere in Latin America.

**El gato había vomitado por toda la cocina.**
The cat had been sick all over the kitchen.

Meaning 'through':

Examples:

> **La observó por la mira telescópica.**
> He watched her through the telescopic sight.

> **Miró por la ventana y no vio a nadie.**
> She looked through the window but saw nobody.

## Exercise 2

Translate the following sentences into English.

1 El perro salió por la puerta principal.
2 Antonio tenía todo para ser médico, pero prefirió ser escritor.
3 Brasil ganó por dos goles a uno.
4 ¿Para qué hemos venido, si no nos quiere nadie aquí?
5 El agua se filtró por toda la casa.
6 No eran para mí, las mandó para ti.
7 De premio se fue un mes por toda Europa.
8 Para bien o para mal, se casaron.
9 Se hicieron todos los esfuerzos posibles para evitar la guerra.
10 Pensamos que todo estará listo para las siete u ocho de esta noche.

---

**Learn an idiomatic expression**

**para colmo**   to make matters worse
**Me fracturé el tobillo y, para colmo, perdí mis lentes.**

---

## Exercise 3

Match the following colloquial phrases on the left with their corresponding meaning in English on the right.

| | | | |
|---|---|---|---|
| 1 | por casualidad | a | by a whisker |
| 2 | por favor | b | for fear |
| 3 | por un pelo | c | please |
| 4 | por si acaso | d | by post |
| 5 | por gusto | e | in alphabetical order |
| 6 | por temor | f | for fun |

| 7 | por orden alfabético | | g | by chance |
| 8 | por lo pronto | | h | for the time being |
| 9 | por si fuera poco | | i | to make matters worse |
| 10 | por correo | | j | just in case |

 ## Text 1 (Audio 2: 20)

### Violencia familiar

*Una dirigente de un centro comunal de apoyo a la mujer habla sobre la violencia física al interior del hogar.*

"Es común y frecuente recibir denuncias de maltratos al interior del hogar que incluyen violencia física. A veces la pareja de la víctima le da cachetadas, le golpea, le da de patadas, le quema con cigarrillos, le causa daños físicos en el cuerpo con algún objeto contundente, le detiene o encierra contra su voluntad o le amenaza con arma de fuego o arma blanca. En realidad, la cantidad de personas afectadas por este tipo de violencia es mayor de lo que se cree. Más de la mitad de la población se ve afectada, y casi en su totalidad, las víctimas son mujeres."

"Este tipo de violencia puede dejar a las víctimas con lesiones físicas, leves o graves, o incapacitadas. Las consecuencias más dañinas y duraderas suelen ser los problemas emocionales causados por la violencia. En una persona afectada se observa ansiedad, falta de confianza en sí misma, control o incapacidad de enojarse, emergencia constante de recuerdos sobre la agresión, depresión, actitud agresiva hacia los niños, alejamiento de la vida social."

## Vocabulary ◆

| | |
|---|---|
| **dirigente** | leader |
| **centro comunal** | community centre |
| **denuncias** | reports |
| **golpea** | hits |

| | |
|---|---|
| **al interior** | inside |
| **pareja** | partner |
| **cachetadas** | slap on the face |
| **patada** | kick |
| **quema** | burns |
| **detiene** | retains |
| **encierra** | locks up |
| **amenaza** | threatens |
| **arma de fuego** | firearm |

## Exercise 4

Using the text above, fill in the right-hand column.

| | |
|---|---|
| Ejemplos de actos de violencia física | |
| Consecuencias en la víctima | |

## Exercise 5

Translate into English from **Este tipo** ... up to ... **vida social.**

# 🎧 Text 2 (Audio 2: 21)

---

## Mujeres que escriben

En las últimas dos décadas han aparecido mujeres escritoras en varios países de América Latina, que han llegado a alcanzar consagración internacional. Entre ellas se cuentan Isabel Allende, Ángeles Mastretta y Rosario Ferré. Las mujeres aportan un enfoque y punto de vista muy particular en sus obras. Una visión desde la intimidad que muestra a mujeres que se rebelan contra el papel que la sociedad de su tiempo les ha impuesto.

---

## Vocabulary ♦

| | |
|---|---|
| **consagración internacional** | international recognition |
| **enfoque** | approach |
| **obras** | works |
| **intimidad** | intimate space (private life) |

## Exercise 6

Following the example below for Isabel Allende write two paragraphs in Spanish. One about Ángeles Mastretta and another about Rosario Ferré.

Example:

---

Isabel Allende / chilena
Lima / 1942
Padres diplomáticos chilenos
Primera novela / *La casa de los espíritus* / 1982
Familia poderosa / posteriormente en decadencia
Otras obras / *Cuentos de Eva Luna* / *Paula* / *Hija de la fortuna*
1990 / Premio Gabriela Mistral
Estados Unidos

---

Isabel Allende, la escritora chilena, nació en Lima, Perú en 1942. Sus padres eran diplomáticos chilenos. Su primera novela es *La casa de los espíritus*, publicada en 1982, que trata de una familia poderosa que posteriormente entra en decadencia. Otras obras suyas son: *Cuentos de Eva Luna*, *Paula* y *Hija de la fortuna*. En 1990 recibió el premio Gabriela Mistral. Actualmente reside en los Estados Unidos.

1

Ángeles Mastretta / mexicana
Puebla, México / 1949
Padre / morir / 1971 / Mastretta / mudar a México D.F.
Primera novela / *Arráncame la vida* / 1985
Historia / mujer / México / años 30 y 40
Otras obras / *Mujeres de ojos grandes*, *Mal de amores*
1997 / Premio Rómulo Gallegos
México

2

Rosario Ferré / puertorriqueña
Ponce / Puerto Rico / 1938
Padres / Luis Ferré / Lorenza Ramírez
Primera novela / *Maldito amor* / 1987
Evolución / Puerto Rico / a través de / familia aristocrática
Otras obras / *La casa de la laguna* / *Vecindarios excéntricos*
1995 / Premio de la crítica en Nueva York
Puerto Rico

 **Exercise 7 (Audio 2: 22)**

## Interpreting

One of your colleagues travelling with you, who does not understand Spanish, is hiring a car. Make notes and interpret or summarize the information given in relation to car rental.

Al alquilar un auto con nuestra empresa, usted accede a una serie de ventajas adicionales sin tener que pagar cargo adicional.

Primero, recibe atención personalizada las 24 horas ya sea en nuestras oficinas o llamando por teléfono a un número gratuito.

El automóvil puede estar listo para recoger en el lugar que usted designe, que puede ser el aeropuerto, su domicilio, el hotel de su estadía, la terminal del ómnibus, u otro lugar acordado previamente. Existe la misma flexibilidad cuando llega el momento de entregar el vehículo.

En caso de tener exceso de equipaje le acompañará un vehículo de apoyo, sin cargo adicional, siempre que el alquiler sea de por lo menos una semana.

Todos nuestros autos son vehículos nuevos, bien equipados y revisados por nuestro equipo mecánico antes de cada entrega.

No cobramos extra por accesorios, como por ejemplo, portae-
quipajes para el techo, silla para bebes, portabicicletas, entre otros.

El kilometraje es ilimitado y hay un seguro incluido.

## Vocabulary ♦

| | |
|---|---|
| **accede** | to have access |
| **cargo adicional** | extra charge |
| **número gratuito** | free (phone) number |
| **designe** | choose |
| **estadía** | stay |
| **entregar** | to hand over |
| **exceso de equipaje** | excess luggage |
| **apoyo** | support |
| **equipados** | equipped |
| **revisados** | checked |
| **portaequipajes para el techo** | roof-rack |
| **kilometraje** | mileage (kilometre allowance) |

# 🎧 Text 3 (Audio 2: 23)

## FAMILIA Y JEFATURA DE HOGAR

De los 4.772.231 hogares que existían en Colombia en 1981, un 56% de ellos estaba formado por familias nucleares, un 30% por familias extensas y un 9,3% por familias compuestas (había también un 4,1% de hogares unipersonales). Uno de cada cinco de estos hogares está dirigido por una mujer (20,4%), es decir, casi un millón de ellos.

Como sucede en otros países de América Latina, la casi totalidad de estas mujeres jefas de hogar dirigen sus familias sin cónyuge conviviente, es decir, encabezan las llamadas familias incompletas. Por otra parte, los grupos familiares dirigidos por mujeres son principalmente del tipo extenso (43%), seguidos del tipo nuclear (37%); mientras que los dirigidos por hombres son mayoritariamente nucleares (61%) y sólo algo más del 26% son extensos.

## SITUACIÓN CONYUGAL

La situación conyugal de la población colombiana ha experimentado apreciables modificaciones en las últimas décadas. La información procedente de los censos de 1970 y 1985 muestra que en esos quince años disminuyó la proporción de solteros, pero no a favor de la de casados sino de dos categorías claramente crecientes: los unidos consensualmente y los divorciados-separados. La población unida pasó de significar un 8% en 1970 a un 13% en 1985. La proporción de divorciados-separados no llegaba en 1970 al 2% y en 1985 se aproximaba al 4%.

Según los datos censales de 1985, algo más de la mitad (52%) de las mujeres mayores de 15 años está emparejada, como sucede en otros países latinoamericanos. La mayoría (un 37% del total de esas mujeres) mediante matrimonio y el resto (el 15%) por unión consensual.

## Vocabulary ◆

| | |
|---|---|
| **familia nuclear** | nuclear family |
| **familia extensa** | extended family |
| **hogares unipersonales** | single parent household |
| **jefa de hogar** | head of household |
| **cónyuges convivientes** | partners living as husband and wife |
| **línea de pobreza** | poverty line |
| **apreciable** | considerable |

| **década** | decade |
| **censo** | census |
| **creciente** | on the increase |
| **unidos consensualmente** | unmarried couples living together |
| **divorciados** | divorced |
| **separados** | separated |
| **datos censales** | census data |
| **situación conyugal** | marital status |

*Note*: **hogares monoparentales** is also used to describe 'single parent households'.

## Exercise 8

Using the text above fill in the boxes in the right-hand column.

| | |
|---|---|
| Tipos de familia en Colombia | |
| Tipos de familia en las que la mujer es jefa de hogar | |
| Categorías de cónyuges que aumentaron entre 1970 y 1985 | |

### Learn an idiomatic expression

**todo el santo día**     all day long
**La pobre cocina, lava, plancha, limpia y atiende a los niños todo el santo día.**

*Note*: in some Latin American countries **para** is used to tell the time.

Example:

**El programa empieza a un cuarto para las ocho y termina a veinte para las nueve.**

Spain: **las ocho menos cuarto, las nueve menos veinte,** etc.

# Grammar reference

## Stress and written accent

If the word ends in a vowel, -n or -s, the stress is on the penultimate syllable, i.e. the syllable before the last one.

trabajo
escribes
delegado
Carmen

If the word ends in a consonant, except -n or -s, the stress is on the final syllable.

papel
color
ciudad

When there is a deviation from these rules, an acute accent is written on the vowel of the stressed syllable.

acá
latón
pacífico

## Nouns and gender

Nouns in Spanish are either masculine or feminine – not only people and animals, but things as well.

| *Masculine* | | *Feminine* | |
|---|---|---|---|
| hombre | man | mujer | woman |
| gato | male cat | gata | female cat |
| sol | sun | luna | moon |

Generally speaking, the ending of a noun tells you whether it is masculine or feminine. The following are the most common endings.

Masculine: -o, -l, -r, -y; e.g. alumno, papel, actor, rey
Feminine: -a, -ión, -dad, tad, -tud, -itis; e.g. alumna, canción, ciudad, libertad, altitud, artritis

Usually when the masculine ends in a consonant, you form the feminine by adding -a.

vendedor    vendedora

Some nouns are both masculine and feminine but with a difference in meaning, as in the following examples:

el capital    the capital (money)    la capital    the capital (city)
el policía    the police officer      la policía    the police

# Plural of nouns

When a noun ends in an unstressed vowel or a stressed -e, an -s is added.

Examples:

niña     niñas
café     cafés

When a noun ends in a consonant, -y or a stressed vowel (except -e), -es is added.

Examples:

pared    paredes
cuy      cuyes
rubí     rubíes

*Note*: there are exceptions to this third case (stressed vowel, other than -e). The most common exceptions are: mamá–mamás; papá–papás.

Nouns ending in -z change the -z to -c before adding -es.

Examples:

luz      luces
cruz     cruces

# Articles

## The definite article

|          | Masculine | Feminine |     |
|----------|-----------|----------|-----|
| singular | el        | la       | the |
| plural   | los       | las      | the |

The definite article agrees in gender and number with the noun it precedes.

| el carro | the car | los carros | the cars |
| la casa | the house | las casas | the houses |

*Note*: if the definite article precedes a singular feminine noun which starts with a stressed a- or ha-, then el is used instead of la.

| el agua | the water |
| el haba | the broad bean |

## The indefinite article

|          | Masculine | Feminine |        |
|----------|-----------|----------|--------|
| singular | **un**    | **una**  | a/an   |
| plural   | **unos**  | **unas** | some   |

## The neuter article

The neuter article lo never precedes a noun. Its main use is to form abstract nouns. In this case it is followed by an adjective or a past participle.

| lo interesante | what is interesting |
| lo dicho | what has been said |

# Possessive adjectives

Possessive adjectives agree in number with the noun which they precede. Only nuestro (our) has a feminine form, **nuestra**, which agrees in number and gender with the noun.

| **mi**       | my                            |
| **tu**       | your (sing.)                  |
| **su**       | his, her, its, your (formal)  |
| **nuestro**  | our (masc.)                   |
| **nuestra**  | our (fem.)                    |
| **su**       | your (pl.)                    |
| **su**       | their                         |

Examples:

| | |
|---|---|
| mi cuaderno de ejercicios | my exercise book |
| su diccionario bilingüe | her bilingual dictionary |

If the noun possessed is in the plural you add an -s to the possessive adjective.

| | |
|---|---|
| Mis amigos no han llegado. | My friends haven't arrived. |
| Nuestras empresas firmaron el contrato. | Our companies signed the contract. |

# Personal pronouns

These pronouns are used far less than their equivalents in English. Sometimes they are used for emphasis or to avoid confusion.

| Singular | | Plural | |
|---|---|---|---|
| yo | I | nosotros | we (masc.) |
| tú | you (informal) | nosotras | we (fem.) |
| usted | you (formal) | ustedes | you |
| él | he | ellos | they (masc.) |
| ella | she | ellas | they (fem.) |

# Prepositions

Prepositions link parts of a sentence and usually express manner, time or place.

| | | | |
|---|---|---|---|
| a | to, at | en | in, on, at |
| ante | before | encima | over |
| bajo | under | entre | between |
| de | of, from | hacia | towards |
| delante de | in front of | para | for |
| desde | from | por | for, by, through |
| detrás de | behind | sobre | on |

# Verbs

## The infinitive

There are three types of verbs in Spanish, depending on the ending of the infinitive.

| | |
|---|---|
| verbs ending in -ar | amar |
| verbs ending in -er | comer |
| verbs ending in -ir | vivir |

## The present tense indicative

It is used for habitual or timeless actions.

Generalmente almuerzo entre la una y las dos de la tarde.
Charlotte es inglesa.

Examples of verbs in present tense:

| | |
|---|---|
| amar | amo, amas, ama, amamos, aman |
| comer | como, comes, come, comemos, comen |
| vivir | vivo, vives, vive, vivimos, viven |

## The present perfect tense

It is formed by the auxiliary verb **haber** and the past participle of the main verb of the sentence. It is used to express something that happened in the past but whose effects still bear on the present.

Example:

He terminado la tarea.
I have finished the task.

haber he, has, ha, hemos, han

The past participle of -ar infinitives usually ends in -ado.

The past participle of -er or -ir infinitives usually ends in -ido.

| | |
|---|---|
| amar | amado |
| comer | comido |
| vivir | vivido |

## Irregular participles

Some common irregular participles are:

| | |
|---|---|
| abrir | abierto |
| decir | dicho |
| escribir | escrito |
| hacer | hecho |
| morir | muerto |
| poner | puesto |
| romper | roto |
| ver | visto |
| volver | vuelto |

## The present perfect continuous

This tense indicates that an action has been in progress for some period of time and it continues at the time of speaking.

It is formed by **haber** + the past participle + the gerund.

Example:

**Han estado estudiando toda la tarde.**
They have been studying all afternoon.

## The past tense or preterite

It expresses an action in the past already complete at the time of speaking.

Example:

**Ayer fuimos al cine.**
We went to the cinema yesterday.

| | |
|---|---|
| amar | amé, amaste, amó, amamos, amaron |
| comer | comí, comiste, comió, comimos, comieron |
| vivir | viví, viviste, vivó, vivimos, vivieron |

Some examples of irregular verbs are:

| | |
|---|---|
| hacer | hice, hiciste, hizo, hicimos, hicieron |
| ir | fui, fuiste, fue, fuimos, fueron |
| tener | tengo, tienes, tiene, tuvimos, tuvieron |
| dar | dí, diste, dio, dimos, dieron |

## The future tense

It is formed by adding the following endings to the infinitive (-ar, -er and -ir verbs):

amaré, amarás, *amará*, amaremos, amarán

Some examples of irregular verbs:

| | |
|---|---|
| decir | diré, dirás, dirá, diremos, dirán |
| hacer | haré, harás, hará, haremos, harán |
| salir | saldré, saldrás, saldrá, saldremos, saldrán |
| tener | tendré, tendrás, tendrá, tendremos, tendrán |
| venir | vendré, vendrás, vendrá, vendremos, vendrán |

## The imperfect indicative

It is used to indicate an action which happened repeatedly or habitually in the past.

Example:

Nos veíamos en secreto.
We used to meet in secret.

| | |
|---|---|
| comprar | compraba, comprabas, compraba, comprábamos, compraban |
| leer | leía, leías, leía, leíamos, leían |
| vivir | vivía, vivías, vivía, vivíamos, vivían |

## The imperfect continuous

It describes an action in progress in the past.

Example:

Estábamos escuchando música clásica.
We were listening to classical music.

The imperfect indicative of **estar** is used plus the gerund of the main verb:

estaba, estabas, estaba, estábamos, estaban

## The present subjunctive

It is used to express hope, wish, doubt.

Example:

Espero que puedas venir a la reunión mañana.
I hope you will be able to come to the meeting tomorrow.

| | |
|---|---|
| trabajar | trabaje, trabajes, trabaje, trabajemos, trabajen |
| comer | coma, comas, coma, comamos, coman |
| vivir | viva, vivas, viva, vivamos, vivan |

## The conditional tense

It is formed by adding -ía, ías, ía, íamos, ían to the infinitive of a verb. (In English 'I would go', etc.)

| | |
|---|---|
| amar | amaría, amarías, amaría, amaríamos, amarían |

Some irregular verbs:

| | |
|---|---|
| decir | diría, dirías, diría, diríamos, dirían |
| haber | habría, habrías, habría, habríamos, habrían |
| hacer | haría, harías, haría, haríamos, harían |
| poder | podría, podrías, podría, podríamos, podrían |
| poner | pondría, pondrías, pondría, pondríamos, pondrían |
| querer | querría, querrías, querría, querríamos, querrían |
| salir | saldría, saldrías, saldría, saldríamos, saldrían |
| tener | tendría, tendrías, tendría, tendríamos, tendrían |
| venir | vendría, vendrías, vendría, vendríamos, vendrían |

# Key to exercises

## Unit 1

### Exercise 1

**1** estado con; está que **2** es de **3** estado por **4** está de **5** está que **6** son de **7** estoy que **8** estoy por **9** está de **10** es de

### Exercise 2

| Diferencias con otros países latinoamericanos | Estabilidad social y política<br>No tiene ejército |
|---|---|
| Actividades y productos importantes en la economía | Agricultura<br>Ecoturismo<br>Plátanos y café |
| Atracciones turísticas | Parques nacionales<br>Reservas biológicas<br>Zonas naturales protegidas |
| Ejemplos de oferta mediática | Diarios *El Heraldo*, *La Nación* y *Prensa Libre*<br>Canal 7 Teletica<br>Radio Reloj |

### Exercise 3

Costa Rica has a population of almost four million inhabitants. It has one of the highest life expectancy rates in Latin America – 78 years among women and 73 in the case of men. Costa Ricans, or Ticos, as they are known, are hospitable and extrovert people. Making tourists or visitors feel welcome is always a priority for them.

It is a small country, with an area of only 51,000 square kilometres. It is possible to travel by car across the country in less than 4 hours. There are some active volcanoes, such as Arenal, Iraz and Turrialba. Average temperature on the coast is around 31°C, while inland it reaches 16°C. The rainy season lasts from May to December.

## Exercise 4

**1** Si llegara temprano tu hermana, iríamos juntos al cine. **2** Si la mandara a estudiar en la academia de preparación para la universidad, no tendría suficiente plata para pagar los derechos académicos. **3** Si viviera cerca, la visitaría. **4** Si fallara tu impresora, tendrías que utilizar la mía. **5** Si compraras una cámara digital, me la podrías prestar para probarla. **6** Si tuvieras espuma limpiadora, limpiarías la pantalla del monitor como debe ser. **7** Si tuvieras CD en tu computadora, podrías escuchar música mientras trabajas. **8** Si tuvieras tu tarjeta de estudiante, podrías obtener descuento. **9** Si estuvieras en su situación, comprenderías bien cómo se siente. **10** Si tuvieras una escalera, podrías subir a ver cómo está el tejado.

## Exercise 5

**1** Sería recomendable que vayas a la Librería Incunable. **2** Sería recomendable que vayas a Electrodomésticos Techno. **3** Sería recomendable que vayas a Mascotas El Bosque. **4** Sería recomendable que vayas a Artículos Deportivos Elastic. **5** Sería recomendable que vayas a la Florería El Clavel. **6** Sería recomendable que vayas a Musicentro. **7** Sería recomendable que vayas a la Agencia de Viajes Mundial. **8** Sería recomendable que vayas a la Farmacia La Antigua. **9** Sería recomendable que vayas al Supermercado Yam. **10** Sería recomendable que vayas a la Perfumería Citrus.

*Note*: you could also use **llames a** instead of **vayas a**, If you only wanted to enquire by telephone; or **consultes la página web de** instead of **vayas a** if you only wanted to check the information on the website of the relevant shop.

## Exercise 6

**1** parezcamos **2** conozcamos **3** venza **4** establezca **5** ejerza **6** crezcas **7** conozcas **8** convenza **9** oscurezca **10** parezca

## Exercise 7

Herramientas: alicate, martillo, plomada, destornillador, taladro, pala, nivel de burbuja
Útiles de oficina: pisapapeles, portalápices, impresora, fotocopiadora, agenda

# Unit 2

## Exercise 1

**1** Los resultados de los exámenes de ingreso a la universidad salieron en todos los periódicos nacionales/ de circulación nacional. **2** El precio salió a diez dólares por unidad. **3** A nadie le salió la respuesta correcta. **4** Salió muy bien de la entrevista. **5** No le sale la canción. **6** Las cifras saldrán durante la próxima conferencia de prensa. **7** Espero que no salga con la misma excusa otra vez. **8** Mi hermana salió de extra en la película que estás viendo. No sé / Me pregunto si la podrás ver. **9** Quisiéramos saber si sale más barato ir en tren. **10** Su nombre sale al final del programa.

## Exercise 2

| Lugares de Guatemala para visitar | Problemas sociales | Productos de exportación |
|---|---|---|
| Guatemala (capital) | mortalidad infantil | café |
| Livingston | desnutrición | azúcar |
| Antigua | desigualdad en la distribución de la riqueza | plátanos |
| Lago Atlitán | | |

## Exercise 3

Travel and tourism is nowadays regarded as the most important activity in the services sector worldwide, contributing directly and indirectly to over 10% of jobs, gross domestic product, capital investment, exports and tax revenue all over the world.

Latin America and the Caribbean have a 10% share of the world market. The Caribbean is a region which depends on tourism to a large extent and where almost 30 per cent of income comes from this activity. In countries such as Costa Rica, Cuba and Mexico tourism is the biggest source of employment and foreign currency generation.

## Exercise 4

**1** Si la batería no funciona bien, contacte con el Servicio Técnico de su distribuidor. **2** En caso de que la luz indicadora no se encienda, compruebe que el enchufe esté bien conectado. **3** Si la luz amarilla se enciende, recargue la batería. **4** Si al activar la cámara se observa que la luz indicadora de la pantalla de visualización no se ilumina, encienda el interruptor verde. **5** Si la imagen es demasiado brillante, regule el brillo de la pantalla de visualización. **6** Si la luz roja se enciende, cambie la batería por una totalmente recargada. **7** Si la fecha es incorrecta, haga aparecer el menú de opciones y corregir la fecha. **8** Para fotografías en ambientes oscuros, active el flash. **9** Si la imagen aparece muy oscura en la pantalla, ajuste el brillo **10** En caso de dudas sobre el uso de la cámara consulte 'Atención al cliente' en el sitio web del fabricante.

## Exercise 6

**1** ¿(Me pregunto) cuánto costará? **2** ¿(Me pregunto) de qué largo / longitud será? **3** ¿Quién se habrá creído que es? **4** No dirás que es caro. **5** Luz María tendrá unos 28 años. **6** Serán dos horas desde que apareció / vino por aquí. **7** No ha contestado tu correo electrónico. Tendrás equivocada su dirección. **8** Habrás oído mal. **9** Te habrá dado menos plata / dinero de la (del) que piensas. **10** Lo habrás dejado sobre / en la mesa en casa sin darte cuenta.

## Exercise 7

**1** 1,4m **2** 8,9% **3** 6,7 millones **4** 2,3 millones **5** Cuba: 1,4 millones; Uruguay: 2,2 millones **6** México, Brasil, Argentina, República Dominicana, Uruguay, Cuba

# Unit 3

## Exercise 1

**1** H **2** F **3** F **4** H **5** H **6** F **7** F **8** H **9** H **10** F

## Exercise 2

**1** V **2** F **3** V **4** F

## Exercise 4

Te recomiendo el Movifono 777. Primero que nada, tiene rediscado automático y pesa sólo 89 gramos. También tiene registro de las últimas 15 llamadas perdidas, además de las últimas 10 realizadas. Por otro lado, se pueden almacenar hasta 99 números en 4 memorias. Después, te permite hacer conversaciones tripartitas. Por último, puedes enviar mensajes de texto.

## Exercise 5

**1** Leo el periódico por su postura crítica. **2** Prefiero este auto por su color. **3** Utilizo el reloj por su despertador. **4** Compro la casa por su estilo colonial. **5** Consulto el sitio web por su información actualizada. **6** Envío e-mail por su rapidez. **7** Tomo calmantes en tableta por su eficacia comprobada. **8** Utilizo la impresora láser por su calidad de impresión. **9** Voto por el Partido renovador por su programa político radical. **10** Disfruto de la música latina por su ritmo.

## Exercise 6

(These answers are suggestions only. Many others are possible.)

**1** Compro en este supermercado por sus buenas ofertas. **2** Visito la galería de arte por la variedad de artistas que exponen. **3** Consulto con Ángela por sus acertados consejos. **4** Conduzco un auto con tracción en las cuatro ruedas por su facilidad para entrar en todo terreno. **5** Viajo en transporte público por su eficiencia. **6** Veo este canal de televisión por su programación tan variada. **7** Voto por este partido político por su programa. **8** Leo obras de esta escritora por su estilo tan sencillo. **9** Voy a los partidos de béisbol por el ambiente. **10** Como en restaurantes tradicionales por la buena atención y la buena comida.

## Exercise 7

**1** Se puede convertir medidas. **2** Se puede ver la hora en varias partes del mundo. **3** Se pueden almacenar nombres y números. **4** Se puede utilizar el cuaderno de apuntes. **5** Se puede crear un directorio telefónico.

## Exercise 8

**1** Postales **2** Educación **3** Autos **4** Salud **5** Entretenimiento **6** Mujer futura **7** Turismo **8** Deportes **9** Entretenimiento **10** Noticias

## Exercise 9

**1** Si necesitas enviar un saludo de cumpleaños a una amiga, entra en <u>Postales</u>. **2** Si buscas información sobre cursos universitarios, entra en <u>Educación</u>. **3** Si quieres comprar un automóvil de segunda mano, entra en <u>Autos</u>. **4** Si estás buscando recetas de medicina natural, entra en <u>Salud</u>. **5** Si te gustaría bajar música de internet, entra en <u>Entretenimiento</u>. **6** Si estás buscando consejos de belleza, entra en <u>Mujer</u>. **7** Si deseas viajar por Europa y te gustaría encontrar el tour más económico, entra en <u>Turismo</u>. **8** Si estás averiguando los resultados de los partidos de fútbol de la semana pasada, entra en <u>Deportes</u>. **9** Si necesitas comprobar qué películas se estrenan esta semana, entra en <u>Entretenimiento</u> **10** Si quieres ponerte al día con lo que sucede hoy en el mundo, entra en <u>Noticias</u>.

## Exercise 10

**1** En la sección <u>Autos</u> se ubican autos nuevos, autos usados, flotas, etc. **2** En la sección <u>Cultura</u> se incluye arte, libros, exposiciones, etc. **3** En la sección <u>Deportes</u> se ubica atletismo, fútbol, béisbol, etc. **4** En la sección <u>Educación</u> se encuentran universidades, cursos, idiomas, etc. **5** En la sección <u>Entretenimiento</u> se halla música, cine, farándula, etc. **6** En la sección <u>Mujer</u> se encuentra belleza, recetas, embarazo, etc. **7** En la sección <u>Dinero y Finanzas</u> se ubican ahorros, inversiones, tipo de cambio, etc. **8** En la sección <u>Noticias</u> se halla actualidad, política, etc. **9** En la sección <u>Postales</u> se encuentran saludos de cumpleaños, amistad, amor, etc. **10** En la sección <u>Salud</u> se encuentran ejercicios, dieta, medicina alternativa, etc. **11** En la sección <u>Viajes y Turismo</u> se halla destinos, alojamiento, medios de transporte, etc. **12** En las sección <u>Horóscopo</u> se encuentran los signos Aries, Tauro, Géminis, etc. **13** En la sección <u>Oferta de empleos</u> se ubican empleos a tiempo completo, a tiempo parcial, temporales, etc.

# Unit 4

## Exercise 1

**1** Si no hubieses salido muy / tan rápido, te habrías despedido de Arturo al final de la fiesta. **2** Si mi impresora no fuese de baja resolución, habría imprimido las fotografías que tomaste. **3** Si Ángela hubiese hecho las compras en el mercado, habría preparado café. **4** Si los chicos hubiesen tenido cuidado mientras jugaban en el patio, no se habrían accidentado. **5** Si hubiese dejado puesto el despertador, me habría despertado temprano. **6** Si no hubiese habido información adicional que procesar ayer, habría terminado el informe. **7** Si hubiese comprado artículos por más de cien dólares, me habrían dado 10% de descuento. **8** Si Carmen hubiese sabido que eres vegetariana, habría preparado comida a base de verduras. **9** Si no hubiesen perdido el partido, se habrían clasificado para el campeonato mundial. **10** Si hubiesen contratado a un intérprete, no habrían tenido muchas dificultades para entenderse.

## Exercise 2

|  | Ecuador | Colombia |
|---|---|---|
| Población | 13 millones de habitantes | 40 millones de habitantes |
| Ubicación de la capital | Región andina / Los Andes | Región andina / Los Andes |
| Productos de exportación | Petróleo, plátanos, café y cacao | Café, petróleo, plátanos y esmeraldas |
| Algo importante / interesante | Las Islas Galápagos | Gabriel García Márquez |
| Dominio de internet | ec | col |

## Exercise 3

**1** Sigo preparando la fiesta aunque sólo vendrán unos pocos amigos y dos o tres colegas del trabajo. **2** Seguimos jugando fútbol porque con un poco de suerte nos llamarán para integrar el equipo que viajará a Chile. **3** Aunque llevo tres días sin encontrarla, sigo buscando la novela que estaba leyendo. **4** Sigo corriendo todos los días porque quiero participar en la maratón. **5** Aunque este tren es el servicio expreso, sigo creyendo que llegaremos tarde. **6** Aunque los precios son caros, sigo comprando en la tiendecita que está cerca de mi casa porque los productos son de buena calidad. **7** Sigue viviendo en ese barrio, porque la casa queda cerca de su trabajo y esa es una gran ventaja. **8** Siguen yendo al gimnasio aunque no da los resultados que esperaban. **9** Se sigue poniendo esa gorra para trabajar porque es señal de protesta. **10** Sigo viniendo al centro una vez al mes solamente porque está lejos de casa, es difícil estacionar el auto y el transporte público es deficiente.

## Exercise 4

**1** F **2** V **3** V **4** V **5** F

## Exercise 5

| Cultura | Característica |
|---------|---------------|
| Chavín | Centros ceremoniales |
| Nazca-Paracas | Magníficos textiles |
| Mochica | Vivieron en la costa norte del Perú |
| Chimú | También vivieron en la costa del Perú |
| Tiahuanaco | Grandes obras de arquitectura |

## Exercise 6

| | |
|---|---|
| Ejemplos de animales que viven en la selva tropical | Monos, tucanes, loros, felinos, lagartos serpientes |
| Factores que contribuyen a la deforestación | La búsqueda de petróleo, la explotación con fines agrícolas y la extracción de minerales |

## Exercise 7

The animals who live in the jungle have adapted to this habitat and it is possible to find monkeys, toucans and parrots in the tree tops, while down below are felines, lizards and snakes. The diversity of flora and fauna is such that it is possible to find more than 400 species of insects in one tree.

Human intervention has endangered these tropical forests. Many unexplored areas of the jungle have been made available for agricultural purposes and grazing. By destroying large forest areas, the quality of the soil becomes poor due to erosion and the lack of a protective canopy.

## Exercise 8

(Interpreting – other versions are possible.)

To all passengers, Ladies and Gentlemen. This is your captain speaking. We would like to apologize for the delay in the departure of your flight to Caracas. Air traffic control has informed us that we must wait between 15 to 20 minutes for take off. This delay is due to very intense air traffic at present, which makes the air space very congested.

We are going to refuel now. Would you please fasten your seat belts and keep them fastened while the sign is illuminated. Thank you for your attention and patience and we apologize again for the delay. We will keep you informed if there is any news.

If you have any doubt or query, press the call button and a member of the crew will see you as soon as possible.

Thank you.

## Exercise 9

**1** F **2** V **3** V **4** F **5** V

# Unit 5

## Exercise 1

**1** Machu Picchu, which is an Inca citadel, is the main tourist attraction in Peru. **2** The teenagers who went in the disco, whose ages would be between 14 and 16, did not have identification documents with them. **3** The make-up case, which had not been opened, mysteriously disappeared from the table. **4** The ticket I bought is for tomorrow's show. **5** The Honduran painter, whose work was highly praised, presented his most recent paintings. **6** The colour I like the most is red, which is why I always buy deep red lipstick. **7** The printer I have, which is laser, produces excellent printouts. **8** All the executives who left the firm ended up without severance payment for years of service to the company. **9** The agreement, whose first paragraph states today's date as the day to enforce it, is a step forward regarding collective bargaining for better salaries. **10** The General Manager, who believes he/she is all powerful, had to admit that he/she was wrong.

## Exercise 2

(Interpreting – main points)

advantages / participants / Latin America and Europe
agreements / distribution / joint ventures / technology transfer / information / easier strategies and agreements in future
encouraging results / 5,000 firms / many sectors / preference to agriculture, motoring and environment
links through website / leave your details / you will be contacted

## Exercise 3

**1** pero **2** y **3** sino **4** o **5** sino **6** sino **7** pero **8** y **9** y **10** o

## Exercise 4

**1** Como se esperaba, Alicia no fue al médico. **2** Humberto no quiere jugar en el partido porque su rodilla todavía no está bien. **3** Como es difícil para él venir aquí, yo iré a su casa. **4** Como no tienes los medios para continuar tus estudios, debes solicitar ayuda económica. **5** He tomado esta decisión por mi cuenta, ya que ningún otro miembro del comité estaba dispuesto a considerar el asunto.

## Exercise 5

**1** con tal de que / siempre que **2** Aunque **3** a pesar de que **4** con tal de que / siempre que **5** Aunque **6** Siempre que / Con tal de que **7** A pesar de que **8** siempre que **9** Con tal de que / Siempre que **10** Aunque

## Exercise 6

| Incremento de población | Es algo positivo. Sólo 4,5% |
|---|---|
| Desarrollo humano | Es algo positivo. Uno de los más altos índices de desarrollo humano en América Latina (0,853). |
| Estabilidad de precios | Es algo negativo. No se ha logrado alcanzar. |
| Producto Interno Bruto | Es algo positivo. Menor crecimiento que en otras ciudades de Latinoamérica. |
| Tasa de inflación | Es algo negativo. Ha mostrado grandes altibajos. |
| Estabilidad política, financiera y económica | Es algo negativo. Indicadores altos, pero ciudades asiáticas son más estables. |
| Comunicaciones | Es algo positivo. Cerca a Estados Unidos. Bajo costo de llamadas. Muchos vuelos directos a Estados Unidos. |
| Adelantos tecnológicos | Es algo positivo. Telefonía celular e internet han avanzado más que en otros países latinoamericanos. |
| Alquiler de oficinas | Es algo negativo. Precios altos. |
| Costo de vida | Es algo positivo. Es menos que en otros países de América Latina y menos que en Asia. |
| Oferta cultural | Es algo positivo. Líder en museos. |

# Unit 6

## Exercise 1

**1** Ahora trabajo en el centro de la ciudad. Hasta el año pasado trabajaba en las afueras. **2** Este año he empezado a vender artefactos eléctricos. Antes vendía sólo alimentos. **3** En los primeros años de funcionamiento teníamos dos empleados. En la actualidad contamos con más de cien. **4** Cuando estaba en la universidad siempre volvía a casa en transporte público. Ahora sólo viaja en automóvil. **5** Antes venías todas las semanas. Ahora vienes poco. **6** Cuando estaba en la oficina quería estar en casa. Ahora que estoy en casa, quiero estar en la oficina. **7** En un principio esperaban ganar el campeonato. Ahora luchan para no perder la categoría. **8** Antes tomábamos sólo café. Ahora, en cambio, tomamos sólo té. **9** De niño quería ser veterinario. Ahora no. **10** Hasta la semana pasada abrían la tienda hasta tarde. A partir de ahora sólo abren hasta las seis.

## Exercise 2

**1** We have to have the surprise ready because Estela is coming / will arrive soon. **2** Don't worry too much about what's happening / the situation at home. It will soon be over. **3** They have just taken the bread out of the oven. It is very warm. **4** Everybody felt the earthquake, even those who live in earthquake resistant houses. **5** Even the children seem to smile more. **6** Stop the fight. That's enough. **7** What a way to treat your guests! They didn't even offer us a cup of coffee! **8** We have not been able to open the exhibition today. It will not be open to the public until tomorrow. **9** I can't complain because at least he/she gave me my money back. **10** Summer is here.

## Exercise 3

**1**

| Grupo racial | Porcentaje |
|---|---|
| Raza blanca | 48% |
| Otra raza | 42% |
| Dos o más razas | 6% |

**2** b **3** a **4** V **5** inmigración, juventud de la población y altas tasas de natalidad

## Exercise 4

Aproximadamente a las 4.30 de la tarde de hoy, en la esquina de las calles Principal y Este hubo un accidente de tránsito. La conductora de un automóvil se acercaba al cruce cuando sintió un golpe en la puerta posterior derecha. Otro vehículo que esperaba en una bocacalle se apresuró a cruzar antes de tiempo, calculó mal y chocó.

No hubo heridos ni lesionados. Fue un impacto leve. La conductora no pudo anotar el número completo de la placa del automóvil que la chocó, cuyo chofer se dio a la fuga. Dos testigos vieron lo que pasó.

## Exercise 5

**1** pastelería **2** biblioteca **3** registro civil **4** óptica **5** galería de arte / museo **6** ferretería **7** universidad **8** fábrica **9** librería **10** portal

## Exercise 6

| País de nacimiento | Ecuador |
|---|---|
| Países de residencia | Ecuador, China |
| Países en los que estudió | Inglaterra |
| Países en los que ha ganado premios | Inglaterra, Japón |
| Temas de sus trabajos | Personajes, sentimientos y escenas relacionadas con Ecuador, Inglaterra y China |
| Lo que incluye la muestra en Ecuador | Trabajos realizados en los primeros tres años de este siglo |
| ¿Dónde se encuentra el artista ahora? | Ecuador |

## Exercise 7

'For me, each visit feeds my creativity as an artist. Each time I meet old friends, I walk around the streets, and pay special attention to what people do in their daily life. I try to take away with me memories of sounds, colours and smells of the city.'

The exhibition includes 35 engravings representing everyday life, what happens to all of us in our daily life, everything that is alive. The exhibition will be open to the public from the first Saturday of next month, for three weeks. Don't miss it.

# Unit 7

## Exercise 1

**1** Hemos sido conducidos a un gran salón donde hay documentos guardados en una vitrina. **2** Dijeron que todos seríamos llevados al teatro en un minibús. **3** Fue concluida la reconstrucción del Teatro Municipal. **4** La ley de estabilidad laboral fue aprobada por el gobierno. **5** Fue construida la nueva autopista donde antes había sólo paisaje natural. **6** Si no fuera por la orden judicial que lo impedía, la casona colonial habría sido demolida. **7** Mañana será llevado el automóvil a la unidad de investigación de accidentes. **8** El nuevo año académico fue inaugurado por el rector. **9** El ambiente de este pueblo rural ha sido afectado por la llegada de gente de la ciudad. **10** El personal había sido contratado por mi socio y yo no tenía autorización para despedir a nadie.

## Exercise 2

**1** To begin with, you fry the vegetables / the vegetables are fried. **2** It is said that the whole Cabinet will resign this week. **3** If the finishing equipment could be replaced with a new one, then the decision must be made immediately. **4** It has not been taken into account that a discount of twenty per cent had been included in the total price. **5** The anti-war feeling is apparent in all political parties. **6** It is known that the authorities are studying a traffic restriction plan for the centre of town. **7** The final match of the championship is a difficult one for last year's champions. **8** It is feared that there will be nothing new in the debate in congress today. **9** With this explanation it is understood that we are not wanted / welcomed here. **10** It is over / finished.

## Exercise 3

**1** c **2** d **3** a **4** e **5** b

## Exercise 4

**1** It is said / People say that drinking milk is good for you, but I think that it is only for children. **2** They always want us to pay more taxes, but public services don't improve. **3** They speak very good Spanish in Colombia. **4** They play a lot of football here. **5** You feel very welcome around here.

## Exercise 5

**1** Hablan más despacio / lento en México que en España. **2** Dicen que las verduras son buenas para uno, pero uno no sabe cómo se han cultivado esas verduras. **3** Acaban de anunciar la llegada del vuelo (procedente) de Caracas. **4** Parece que nunca levantan la voz cuando te hablan. **5** Recomiendan tomar mucha agua, ¿no?

## Exercise 6

**1** Death makes me laugh. **2** The operation was a success, but the patient died. **3** Death is always looking for excuses. **4** Death looks for excuses to take away an ill man. **5** Come on. Let's all die now that funerals are free. **6** Marriage and shroud are heaven sent. **7** If they could, they would sell the dead. **8** Drink the strong stuff and you will not feel your death. **9** There is no strong box for love and death. **10** I have nothing to do with this. (Lit: I have no candle to burn at this funeral.)

## Exercise 7

**1** F **2** V **3** F **4** F **5** V

## Exercise 8

**1** F **2** F **3** V **4** F **5** V

## Exercise 9

| Productos de exportación | Vinos<br>Frutas en conserva<br>Cobre |
|---|---|
| Algunos atractivos turísticos en el sur del país | Zona de los lagos<br>Frutillar<br>Museo alemán |
| Algunos lugares que visitar en la capital | La Plaza de Armas<br>Correos<br>Plaza de la Constitución<br>Palacio Presidencial de la Moneda<br>Parques, museos, galerías de arte, monumentos |

## Exercise 10

Interpreting – main points

three hours / power cut – region isolated / bad weather to be blamed
homes, commerce and industry affected / some companies stopped work during the morning
authorities also believed bad weather is to be blamed / however enquiry has started
power is being restored gradually / full power back at around 4 p.m.

# Unit 8

## Exercise 1

**1** Laura hasn't come round because she didn't know that you were back at home already. **2** Is dinner ready yet? **3** We'll buy the new CD this afternoon, won't we? **4** How strange. That cat does not eat fish. **5** The senior citizens in the community have not had the chance to take part and have not been consulted either. **6** He didn't prepare either the graphics or the text. **7** He is neither married nor has he got any children. All this is a farce. **8** The government should help students with a grant, shouldn't they? **9** The music does not seem to help create the right ambience. **10** There is nothing that we are looking for.

## Exercise 2

**1** No, ni, ni **2** no, no **3** no, no **4** ni, ni, ni, ni **5** no, nada **6** no, nada **7** No, ni, ni, ni, ni **8** no **9** no **10** Ni, ni

## Exercise 3

| Algunas características geográficas de Argentina | Territorio diverso<br>Desiertos del norte<br>Fértiles pampas de la zona central<br>Regiones heladas del sur |
|---|---|
| Algunos atractivos de la ciudad de Mendoza | Turismo urbano, rural y de aventura<br>Reservas naturales<br>Esquí |
| Símbolo de identidad argentina conocido mundialmente | El tango |

## Exercise 4

**1** You don't need to go to the market. Just buy from the corner shop. **2** Just yesterday I spoke to her and I thought that she was better. **3** Don't complicate life. Leave it as it is. **4** He hit him in the face simply because he didn't like his laugh. **5** Do sit down. The doctor will be with you in a moment. **6** Just come by yourself. Nothing will happen to you. **7** Do finish it off. I will wait for you. **8** Just wait until Julián arrives and then we will ask him. **9** Just buy everything you need. If you are short of money you can borrow some from me. **10** This is as far as I go.

## Exercise 5

**1** Vos no me conocés. **2** Creo que vos querés un poco más de helado. **3** En este caso vos tenés razón. **4** No creo que vos andés preocupada por el asunto del nuevo personal. **5** ¿Qué hacés vos ahí? **6** ¿Te imaginás vos lo que dirán todos al verte? **7** Vos no querés un café, ¿verdad? **8** Siempre vos salés con lo mismo. **9** Estudiá un poco para el examen. **10** Con esa ropa vos parecés estrella de cine.

## Exercise 6

**1** Nobody won the lottery this week. **2** He/She didn't tell me anything that day. **3** Isn't there anyone who knows Rebeca's address or telephone number? **4** He didn't gain anything out of the discussion. **5** Nobody wanted to defend her, so I had to do it. **6** I would have never imagined that he was a famous writer. **7** If I had stayed later, nothing would have happened. **8** There wouldn't have been an explosion. Nobody would have been injured either. **9** There is nothing and nobody. **10** Nobody from the delegation was there to welcome her.

## Exercise 8

**1** Ecuador **2** Cuba **3** Honduras **4** Panamá **5** Colombia **6** Perú **7** República Dominicana **8** El Salvador **9** Guatemala **10** Argentina **11** Chile **12** Bolivia **13** Costa Rica **14** México **15** Nicaragua **16** Venezuela **17** Paraguay **18** Uruguay

# Unit 9

## Exercise 1

**1** situación **2** continuará **3** también **4** día **5** mínimo **6** parálisis **7** comité **8** cárcel **9** estación **10** recordaré

## Exercise 2

**2** ratón **4** número **6** automóvil **7** país **9** acción

## Exercise 3

| | Lima | México D.F. |
|---|---|---|
| Tren de transporte masivo | Tren eléctrico – sólo cubre ruta corta Reducido número de pasajeros Plan para completar las rutas del tren eléctrico en un futuro cercano | Inaugurado en 1972 200 km de recorrido Parecido al metro de París Emplea a más de 13 mil trabajadores Cada tren lleva 1500–2000 pasajeros |
| Transporte en autobuses | Microbuses – pequeñas empresas ineficientes | Autobuses–pequeñas empresas Microbuses de 20 pasajeros |
| Autobuses pequeños | Las *combis* son unidades pequeñas | Los *peseros* son los microbuses más pequeños |

## Exercise 4

Lima is another Latin American city with serious problems of congestion and poor public transport. Unfortunately it does not have a massive transport system like the one in Mexico City. Only the first stage of the Lima Tram Project has been completed, and this covers only a short route outside central Lima. It is used only by a small number of passengers. Minibuses (called 'microbuses') cover most of the transport needs of the population. They are run by small businesses, and usually provide an inefficient service. The smallest units are known as 'combis' and have a bad reputation for being badly driven and for having no consideration for passengers and pedestrians. The people who collect the fares in the microbuses usually travel hanging from the door of the vehicle calling out the routes the bus covers, trying to attract passengers among people waiting for some form of transport. The plan for the construction of the electric tram has not been abandoned and it is a project that Lima city council may complete in the near future.

## Exercise 5

**1** La autoridad que se propone crear se llamaría . . . Autoridad Autónoma de Transporte de Personas. **2** Una función de dicha Autoridad sería . . . regular en materia de seguridad vial. **3** También tendría como función. . . . adoptar medidas orientadas a atender los efectos, control, supervisión, implementación de infraestructura y educación vial. **4** Las estadísticas de accidentes de tránsito muestran que . . . aproximadamente 2.100 personas mueren cada año y 16 mil resultan lesionadas. **5** El perjuicio a la economía del país se ha calculado en. . . . el 1% del Producto Bruto Interno.

## Exercise 6

**1** Te presto el libro, pero sólo hasta mañana. Ya sé que es poco tiempo. Sin embargo, tú sabes que lo necesito para terminar mi trabajo. **2** Aun los niños saben qué hacer en este caso. ¡Tú no! ¿Dónde tienes tu cerebro? ¿Por qué no prestas atención a lo que se te dice? **3** Se afirmó que una operación militar aprobada por las Naciones Unidas tendría más legitimidad y posibilidades de éxito. **4** Manuel Martínez a los 19 minutos convirtió el único gol del partido con una gran definición y tras una gran combinación con su compañero D'Allorto, expulsado en el ultimo minuto del encuentro. **5** Con una buena asistencia de público se dio inicio el 31 de enero al Carnaval más largo del mundo. **6** El escritor guatemalteco Augusto Monterroso, que recibió el Premio Príncipe de Asturias en el año 2000, murió el viernes en la ciudad de México, se informó este sábado. **7** ¿Es este el té que te tomas tú? **8** Aún empapados por la lluvia, preparamos la comida y nos dispusimos a pasar la noche en aquel místico lugar. **9** Para partic-ipar del concurso sólo tiene que enviarnos un relato del viaje realizado. En él debe contar por qué le gustó el lugar, dónde queda y cómo se llega a él Además debe incluir sus datos personales en una tarjeta postal. **10** El 14 de febrero se celebra el día de los enamorados en recuerdo del mártir Valentín, quien murió en el siglo III.

## Exercise 7

**1** V **2** F **3** F **4** V **5** V

# Unit 10

## Exercise 1

Complete the following sentences using **por** or **para**.

**1** por **2** para **3** para **4** por **5** para **6** por **7** por **8** para **9** para **10** Por

## Exercise 2

**1** The dog went out through the main door. **2** Antonio had everything it takes to be a doctor, but he preferred to be a writer. **3** Brazil won by two goals to one. **4** Why have we come if nobody wants us here? **5** Water seeped through the whole house. **6** They were not for me, he/she sent them for you. **7** As a reward he travelled around Europe for a month. **8** For better or for worse, they got married. **9** They did their very best to avoid the war. **10** We think that everything will be ready for seven or eight this evening.

## Exercise 3

**1** g **2** c **3** a **4** j **5** f **6** b **7** e **8** h **9** i **10** d

## Exercise 4

| Ejemplos de actos de violencia física | Dar cachetadas<br>Golpear<br>Dar patadas<br>Quemar con cigarrillos<br>Causar daños físicos con un objeto contundente<br>Detener o encerrar a la víctima contra su voluntad<br>Amenazar con arma de fuego o arma blanca |
|---|---|
| Consecuencias en la víctima | Lesiones físicas<br>Incapacidad<br>Problemas emocionales<br>Ansiedad<br>Falta de confianza<br>Control o incapacidad de enojarse<br>Recuerdos constantes de la agresión<br>Depresión<br>Actitud agresiva contra los niños<br>Alejamiento de la vida social |

## Exercise 5

These violent attacks can leave victims sometimes slightly injured, other times seriously injured or even incapacitated. The most serious and lasting effects are usually emotional problems caused by this violence. An affected person can show anxiety, lack of self-confidence, lack of self-control or inability to get angry, the constant resurfacing of memories of the aggression, depression, an aggressive attitude towards children, social isolation.

## Exercise 6

**1** Ángeles Mastretta, la escritora mexicana, nació en Puebla en 1949. Su padre murió en 1971 y Mastretta se mudó a México D.F. Su primera novela es *Arráncame la vida*, publicada en 1985, que trata de la historia de una mujer en el México de los años 30 y 40. Otras obras suyas son *Mujeres de ojos grandes* y *Mal de amores*. En 1997 recibió el premio Rómulo Gallegos. Actualmente reside en México.

**2** Rosario Ferré, la escritora puertorriqueña, nació en Ponce, Puerto Rico, en 1938. Sus padres fueron Luis Ferré y Lorenza Ramírez. Su primera novela es *Maldito amor*, publicada en 1987, que trata de la evolución de Puerto Rico a través de (la historia de) una familia aristocrática. Otras obras suyas son *La casa de la laguna* y *Vecindarios excéntricos*. En 1995 recibió el Premio de la crítica en Nueva York. Actualmente reside en Puerto Rico.

## Exercise 7

Interpreting – main points

rent a car with us / additional benefits / no extra charge
24-hour assistance / office or free phone number
pick up vehicle where you decide / e.g. airport, home, hotel, bus station, anywhere else previously agreed
likewise when dropping off the vehicle
extra free vehicle to help you transport luggage, if renting for over a week
new cars / well equipped / checked
no extra charge for accessories
unlimited mileage / insurance included

## Exercise 8

| Tipos de familia en Colombia | Familias nucleares 56% Familias extensas 30% Familias compuestas 9,3% Hogares unipersonales 4,1% |
|---|---|
| Tipos de familia en las que la mujer es jefa de hogar | Familias extensas 43% Familias nucleares 37% |
| Categorías de cónyuges que aumentaron entre 1970 y 1985 | Los unidos consensualmente y los divorciados-separados |

# Spanish–English glossary

|  |  |
|---|---|
| abolir | to abolish |
| accesorio | accessory |
| achaques | excuses |
| acolchado | padded |
| actualidad | current moment |
| actualizado | updated |
| adjunto | attached |
| afección | complaint (health) |
| agenda | diary |
| agua potable | drinking water |
| ahorrar | to save |
| alcalde | mayor |
| alicate | pliers |
| altar | altar, shrine |
| alternativo | alternative |
| anciano | elderly |
| antibélico | anti-war |
| anti-sísmico | earthquake resistant |
| aparte | separate |
| aportar | to contribute |
| apretar | to press |
| armas | arms, weapons |
| arranque | start |
| asequible | accessible |
| asunto | matter, subject |
| atravesar | to cross |
| aunque | although |
| averiguar | to find out |
| ayudar | to help |
| baile | dance, ball |
| bajar | to go down, to download (internet) |
| bloqueo | blockage |
| bosque | forest |
| brillo | shine |
| bronquial | bronchial |
| buscar | to search |
| buzón de voz | voicemail |
| cadena | chain |
| cafetera | coffee maker |
| caída | fall |
| calmante | pain killer |
| campeón | champion |
| campeonato | championship |
| campo | field |
| canal | channel |
| captura | capture |
| caracter | character type |
| cárcel | jail |
| carnaval | carnival |
| cerebro | brain |
| certificado | certificate, registered (post) |
| cineasta | film maker |
| cinismo | cynicism |
| ciudadano | citizen |
| cómodos | comfortable |
| compensar | to compensate |
| complicar | to complicate |
| cómplice | accomplice |
| confianza | confidence |
| conflicto | conflict |
| contraseña | password |
| crecimiento | growth |
| criterio | criterion |
| cuidarse | to look after oneself |
| cumbre | highest point, summit |
| de veraneo | summer holidays |
| débil | weak |
| demorar | to delay |
| dependiente | dependent |
| descansar | to rest |
| descenso | descent |
| descuento | discount |
| desigualdad | inequality |
| desnutrición | malnutrition |
| despedirse | to say goodbye |
| despertador | alarm clock |

| | |
|---|---|
| destinatario | recipient |
| destornillador | screwdriver |
| desvío | diversion |
| devolución | return (e.g. of goods) |
| días hábiles | working days |
| distribuidor | distributor |
| diversificar | to diversify |
| divisa | foreign currency |
| ecoturismo | ecotourism |
| ejército | army |
| empaque, empaquetado | packaging |
| empedrado | cobbled |
| enchufe | plug |
| encomienda | parcel |
| engrapadora | stapler |
| enlazar | to link, to join |
| ensamblador | assembly plant / assembly worker |
| enterarse | to find out |
| envase | container |
| escritor | writer |
| escritorio | desk |
| específico | drug (medicine) |
| espejo | mirror |
| espuma | foam, froth |
| esquina | corner |
| estabilidad | stability |
| establo | stable |
| estacionamiento | parking |
| estacionar | to park (a vehicle) |
| estampilla | stamp (postage) |
| estuche | case |
| expectativa | expectation |
| facilidad | facility |
| fallar | to fail |
| farándula | show business |
| farmacia | chemist's |
| ferrocarril | railway |
| fibra de vidrio | fibreglass |
| fiebre | temperature |
| fiel | faithful |
| fijo | fixed |
| florecer | to flourish |
| folleto | leaflet, brochure |
| fotocopiadora | photocopier |
| freir | to fry |
| fuente | source, fountain |
| fuerte | strong |
| gimnasio | gym |
| golpear | to hit |
| gorra | cap |
| guerra | war |
| hambre | hunger |
| herencia | inheritance |
| herramientas | tools |
| hospitalario | hospitable |
| impasable | unpassable |
| impresora | printer |
| índice | rate, indicator |
| inferior | lower, inferior |
| integral | integral, comprehensive |
| integrar | to join |
| intendente | mayor (Argentina, Uruguay) |
| internautas | internet users |
| invertir | to invest |
| lamentablemente | unfortunately |
| legitimidad | legitimacy |
| lentes de contacto | contact lenses |
| limpiador | cleaner |
| llamada | call |
| llorar | to cry |
| longitud | length |
| maltratado | damaged |
| maquillaje | make-up |
| marino | of the sea |
| martillo | hammer |
| mayoritariamente | mostly |
| médico | doctor (of medicine) |
| mejoramiento | improvement |
| microondas | microwave |
| militar | military |
| mortaja | shroud (of a dead person) |
| mortalidad | mortality |
| móvil | mobile |
| negociar | to negotiate |
| nivel | level |
| nivel de burbuja | spirit level |
| optimista | optimist |
| osado | daring |
| oscuro | dark |
| oyentes | listeners |
| página | page |
| pala | shovel |

| | | | |
|---|---|---|---|
| pantalla | screen, monitor | requisito | requirement |
| parca | death (colloquial) | riqueza | wealth |
| parecer | seem, resemble | risa | laugh |
| pareja | couple, partner | romance | romance |
| patio | playground | romantizado | romanticized |
| patrimonio | heritage | saltante | remarkable |
| pedido | order | seguimiento | follow-up |
| pendiente | pending | segunda mano | second hand, used |
| peor | worse | servicio | service |
| pérdida | loss | sitio web | website |
| permanecer | to remain | sobre | envelope |
| pesimista | pessimist | socio | partner (in business) |
| pisapapeles | paper weight | solicitud | application, request |
| plancha | iron | sonreir | to smile |
| plazo | term, deadline | sorpresa | surprise |
| plazo de entrega | deadline | sujeto a | subject to |
| pleno (en) | the whole, in full | sumamente | highly, intensely |
| plomada | plumb line | superior | higher, superior |
| poner al día | update | tableta | tablet |
| portalápices | pen holder | taladro | drill |
| portar | to hold, to carry | tampoco | neither, not either |
| portátil | portable | tarea | task |
| postura | posture | teclado | keyboard |
| prefranqueado | pre-paid postage | tejado | tiled roof |
| preocupar | to worry | temblor | earthquake (minor) |
| propuesta | proposal | terremoto | earthquake (severe) |
| proseguir | to continue | todopoderoso | almighty, all powerful |
| protegido | protected | tortuga | turtle, tortoise |
| quejarse | to complain | tranquilo | quiet |
| radiografía | X-ray | trasladar | to transfer |
| raqueta | racket | usuario | user |
| realidad | reality | útiles de oficina | office supplies |
| recargar | to recharge | vaquero | cowboy |
| receta | recipe | veda | ban |
| reciclable | recyclable | vegetariano | vegetarian |
| reciente | recent | vela | candle |
| refrigeradora | refrigerator | vendedor | seller |
| remitente | sender | verdura | vegetable |
| reparto a domicilio | home delivery | visitante | visitor |
| representante | representative | visto bueno | (seal of) approval |

# English–Spanish glossary

|  |  |
|---|---|
| accessible | asequible |
| accessory | accesorio |
| accomplice | cómplice |
| alarm clock | despertador |
| almighty, all powerful | todopoderoso |
| altar, shrine | altar |
| alternative | alternativo |
| although | aunque |
| anti-war | antibélico |
| application, request | solicitud |
| arms, weapons | armas |
| army | ejército |
| assembly plant / assembly worker | ensamblador |
| attached | adjunto |
| ban | veda |
| blocking | bloqueo |
| brain | cerebro |
| brochure | folleto |
| bronchial | bronquial |
| call | llamada |
| candle | vela |
| cap | gorra |
| capture | captura |
| carnival | carnaval |
| case | estuche |
| certificate, registered (post) | certificado |
| chain | cadena |
| champion | campeón |
| championship | campeonato |
| channel | canal |
| character type | caracter |
| chemist's | farmacia |
| citizen | ciudadano |
| cleaner | limpiador |
| cobbled | empedrado |
| coffee maker | cafetera |
| comfortable | cómodo |
| complaint (health) | afección |
| comprehensive | integral, completo |
| confidence | confianza |
| conflict | conflicto |
| contact lenses | lentes de contacto |
| container | envase |
| corner | esquina |
| couple, partners | pareja |
| cowboy | vaquero |
| criterion | criterio |
| current moment | actualidad |
| cynicism | cinismo |
| damaged | maltratado |
| dance, ball | baile |
| daring | osado |
| dark | oscuro |
| deadline | plazo de entrega |
| deadline | plazo |
| death | muerte, parca |
| dependent | dependiente |
| descent | descenso |
| desk | escritorio |
| diary | agenda |
| discount | descuento |
| distributor | distribuidor |
| diversion | desvío |
| doctor (of medicine) | médico |
| drill | taladro |
| drinking water | agua potable |
| drug (medicine) | medicamento, específico |
| earthquake (minor) | temblor |
| earthquake (severe) | terremoto |
| earthquake resistant | anti-sísmico |
| ecotourism | ecoturismo |
| elderly | anciano |
| envelope | sobre |
| excuses | achaques |

| | | | |
|---|---|---|---|
| expectation | expectativa | mirror | espejo |
| facility | facilidad | mobile | móvil |
| faithful | fiel | mortality | mortalidad |
| fall | caída | mostly | mayoritariamente |
| fibreglass | fibra de vidrio | neither, not either | tampoco |
| field | campo | office supplies | útiles de oficina |
| film maker | cineasta | optimist | optimista |
| fixed | fijo | order | pedido |
| foam, froth | espuma | packaging | empaque, empaquetado |
| follow-up | seguimiento | padded | acolchado |
| foreign currency | divisa | page | página |
| forest | bosque | pain killer | calmante |
| fountain | fuente | paper weight | pisapapeles |
| growth | crecimiento | parcel | encomienda |
| gym | gimnasio | parking | estacionamiento |
| hammer | martillo | partner (in business) | socio |
| help | ayuda | password | contraseña |
| heritage | patrimonio | pen holder | portalápices |
| higher | superior, más alto | pending | pendiente |
| highly | sumamente | pessimist | pesimista |
| home delivery | reparto a domicilio | photocopier | fotocopiadora |
| hospitable | hospitalario | playground | patio |
| hunger | hambre | pliers | alicate |
| improvement | mejoramiento | plug | enchufe |
| inequality | desigualdad | plumb line | plomada |
| inheritance | herencia | portable | portátil |
| integral | integral | posture | postura |
| internet users | internautas | pre-paid postage | prefranqueado |
| iron | plancha | printer | impresora |
| jail | cárcel | proposal | propuesta |
| keyboard | teclado | protected | protegido |
| laugh | risa | quiet | tranquilo |
| leaflet | folleto | racket | raqueta |
| legitimacy | legitimidad | railway | ferrocarril |
| length | longitud | rate | índice, tasa |
| level | nivel | reality | realidad |
| listener | oyente | recent | reciente |
| loss | pérdida | recipe | receta |
| lower, inferior | inferior | recipient | destinatario |
| make-up | maquillaje | recyclable | reciclable |
| malnutrition | desnutrición | refrigerator | refrigeradora |
| matter | asunto | remarkable | saltante |
| mayor | alcalde | representative | representante |
| mayor (Argentina, Uruguay) | intendente | requirement | requisito |
| | | return (e.g. of goods) | devolución |
| microwave | microondas | romance | romance |
| military | militar | romanticized | romantizado |

| | |
|---|---|
| screen | pantalla |
| screwdriver | destornillador |
| seal of approval | visto bueno |
| second hand | segunda mano |
| seller | vendedor |
| sender | remitente |
| separate | aparte |
| service | servicio |
| shine | brillo |
| shovel | pala |
| show business | farándula |
| shroud (of a dead person) | mortaja |
| source | fuente |
| spirit level | nivel de burbuja |
| stability | estabilidad |
| stable | establo |
| stamp (postage) | estampilla |
| stapler | engrapadora |
| start | arranque |
| strong | fuerte |
| subject | asunto |
| subject to | sujeto a |
| summer holidays | vacaciones de verano |
| summit | cumbre |
| surprise | sorpresa |
| tablet | tableta |
| task | tarea |
| temperature | fiebre |
| term | plazo |
| tiled roof | tejado |
| to abolish | abolir |
| to carry | portar |
| to compensate | compensar |
| to complain | quejarse |
| to complicate | complicar |
| to continue | proseguir |
| to contribute | aportar |
| to cross | atravesar |
| to cry | llorar |
| to delay | demorar |
| to diversify | diversificar |
| to download (internet) | bajar |
| to fail | fallar |
| to find out | averiguar |

| | |
|---|---|
| to find out | enterarse |
| to flourish | florecer |
| to fry | freir |
| to go down | bajar |
| to hit | golpear |
| to invest | invertir |
| to join | integrar |
| to link | enlazar |
| to look after oneself | cuidarse |
| to negotiate | negociar |
| to park (a vehicle) | estacionar |
| to press | apretar |
| to recharge | recargar |
| to remain | permanecer |
| to resemble | parecer |
| to rest | descansar |
| to save | ahorrar |
| to say goodbye | despedirse |
| to search | buscar |
| to seem | parecer |
| to smile | sonreir |
| to transfer | trasladar |
| to worry | preocupar |
| tools | herramientas |
| tortoise | tortuga |
| turtle | tortuga |
| unfortunately | lamentablemente |
| unpassable | impasable |
| update | poner al día |
| updated | actualizado |
| used | usado |
| user | usuario |
| vegetable | verdura |
| vegetarian | vegetariano |
| visitor | visitante |
| voicemail | buzón de voz |
| war | guerra |
| weak | débil |
| wealth | riqueza |
| website | sitio web |
| whole | todo |
| working days | días hábiles |
| worse | peor |
| writer | escritor |
| X-ray | radiografía |

# **Index** of language points

(The numbers in brackets refer to the unit in the book)